Ensino de Ciências por investigação:
condições para implementação em sala de aula

Dados Internacionais de Catalogação na Publicação (CIP)
(Câmara Brasileira do Livro, SP, Brasil)

Ensino de ciências por investigação : condições para implementação em sala de aula / Anna Maria Pessoa de Carvalho, (org.). - São Paulo : Cengage Learning, 2023.

9. reimpr. da 1. ed. de 2013.
Vários autores.
Bibliografia.
ISBN 978-85-221-1418-4

1. Ciências - Estudo e ensino 2. Prática de ensino 3. Sala de aula - Direção I. Carvalho, Anna Maria Pessoa de

13-00300   CDD-507

Índice para catálogo sistemático:

1. Ciências : Estudo e ensino 507

Ensino de Ciências por investigação:
condições para implementação em sala de aula

Anna Maria Pessoa de Carvalho (org.)
Carla Marques Alvarenga de Oliveira
Daniela Lopes Scarpa
Lúcia Helena Sasseron
Luciana Sedano
Maíra Batistoni e Silva
Maria Candida Varone de Morais Capecchi
Maria Lucia Vital dos Santos Abib
Viviane Briccia

CENGAGE

Austrália • Brasil • México • Cingapura • Reino Unido • Estados Unidos

CENGAGE

Ensino de Ciências por investigação: condições para implementação em sala de aula
Anna Maria Pessoa de Carvalho (org.)

Gerente Editorial: Patricia La Rosa

Supervisora Editorial: Noelma Brocanelli

Produtora Editorial: Renata Siqueira Campos

Supervisora de Produção Editorial: Fabiana Alencar Albuquerque

Editor de Desenvolvimento: Fábio Gonçalves

Analista de Conteúdo e Pesquisa: Milene Uara

Editora de Direitos de Aquisição e Iconografia: Vivian Rosa

Copidesque: Luicy Caetano de Oliveira

Revisão: Olivia Frade Zambone e Maria Alice da Costa

Diagramação: Cia. Editorial

Capa: Sérgio Bergocce

Ilustrações do Capítulo 6: Weber Amendola de Oliveira

© 2014 Cengage Learning Edições Ltda.

Todos os direitos reservados. Nenhuma parte deste livro poderá ser reproduzida, sejam quais forem os meios empregados, sem a permissão, por escrito, da Editora. Aos infratores aplicam-se as sanções previstas nos artigos 102, 104, 106 e 107 da Lei nº 9.610, de 19 de fevereiro de 1998.

Esta editora empenhou-se em contatar os responsáveis pelos direitos autorais de todas as imagens e de outros materiais utilizados neste livro. Se porventura for constatada a omissão involuntária na identificação de algum deles, dispomo-nos a efetuar, futuramente, os possíveis acertos.

A Editora não se responsabiliza pelo funcionamento dos links contidos neste livro que possam estar suspensos.

Para informações sobre nossos produtos, entre em contato pelo telefone +55 11 3665-9900.

Para permissão de uso de material desta obra, envie seu pedido para
direitosautorais@cengage.com.

ISBN-13: 978-85-221-1418-4
ISBN-10: 85-221-1418-8

Cengage
WeWork
Rua Cerro Corá, 2175 - Alto da Lapa
São Paulo - SP - CEP 05061-450
Tel.: +55 (11) 3665-9900

Para suas soluções de curso e aprendizado, visite
www.cengage.com.br

Impresso no Brasil
Printed in Brazil
9. reimpr. – 2023

Sumário

Apresentação | VII

1 O ensino de Ciências e a proposição de sequências de ensino investigativas | 1
Anna Maria Pessoa de Carvalho

2 Problematização no ensino de Ciências | 21
Maria Candida Varone de Morais Capecchi

3 Interações discursivas e investigação em sala de aula: o papel do professor | 41
Lúcia Helena Sasseron

4 O que se fala e se escreve nas aulas de Ciências? | 63
Carla Marques Alvarenga de Oliveira

5 Ciências e leitura: um encontro possível | 77
Luciana Sedano

6 Por que os objetos flutuam? Três versões de diálogos entre as explicações das crianças e as explicações científicas | 93
Maria Lucia Vital dos Santos Abib

7 Sobre a natureza da Ciência e o ensino | 111
Viviane Briccia

8 A Biologia e o ensino de Ciências por investigação: dificuldades e possibilidades | 129
Daniela Lopes Scarpa e Maíra Batistoni e Silva

Apresentação

Ensino de Ciências por investigação: condições para implementação em sala de aula

A sala de aula é um espaço de encontro entre conhecimentos diversos. A relação pedagógica, composta pela tríade professor–alunos–conhecimentos, envolve diferentes dimensões, entre as quais podemos destacar: as de ordem afetiva, relacionadas às expectativas de cada um; as de ordem pedagógica, relacionadas aos recursos didáticos e diferentes estratégias de ensino que o professor tem à sua disposição, e as de ordem epistemológica, relacionadas às características do conhecimento que se deseja ensinar. Todas essas dimensões estão envolvidas na tomada de decisões do professor e em suas ações, o que exige um trabalho de constante aperfeiçoamento.

Este livro tem por objetivo dar visibilidade para questões importantes e atuais relacionadas ao ensino-aprendizagem de Ciências por investigação, de modo a auxiliar professores do Ensino Fundamental a aprimorar seus conhecimentos sobre este tema. Para tanto, são apresentadas reflexões baseadas em resultados de pesquisas consolidadas, realizadas nesse nível de ensino. O leitor encontrará nos capítulos seguintes discussões sobre diferentes facetas do ensino de Ciências em uma abordagem investigativa, desde as bases teóricas sobre processos de ensino-aprendizagem que sustentam sua concepção até as bases epistemológicas que a fundamentam. Em todos os capítulos são apresentados dados extraídos de situações de ensino-aprendizagem, de modo a proporcionar aos professores, além da ampliação de seu rol de estratégias de ensino, a compreensão dos cuidados envolvidos em sua utilização e aproveitamento efetivo em sala de aula.

No capítulo "O ensino de Ciências e a proposição de sequências de ensino investigativas", Anna Maria Pessoa de Carvalho apresenta as bases teóricas que fundamentam a abordagem de ensino de Ciências por investigação. Além de discorrer sobre as contribuições de Jean Piaget e Lev Vigotsky para a compreensão dos processos envolvidos na construção de conhecimentos pelos alunos e o papel do professor em guiá-los nessa construção, a autora discute características do conhecimento científico que precisam ser consideradas para a elaboração de atividades de ensino que sejam representativas dessa área de conhecimento e que proporcionem condições para a inserção dos estudantes no universo da Ciência. Os elementos envolvidos na criação de sequências investigativas de ensino e sua condução em sala de aula, apresentados neste capítulo, voltam a ser explorados nos capítulos posteriores, de modo a oferecer ao leitor a oportunidade de aprofundar-se na discussão de cada um deles.

No capítulo "Problematização no ensino de Ciências", Maria Candida Varone de Morais Capecchi apresenta a problematização como um processo que não se limita à apresentação de enunciados bem estruturados, mas que envolve a inserção gradativa dos estudantes em novas formas de olhar e falar sobre fenômenos. Por meio da análise de uma situação de sala de aula em que foi realizada uma atividade de experimentação investigativa, a autora explora o papel das interações discursivas estabelecidas entre professora e alunos e dos alunos entre si na construção desse novo olhar.

No capítulo "Interações discursivas e investigação em sala de aula: o papel do professor", Lúcia Helena Sasseron discute as ações do professor que fomentam o processo de argumentação em aulas de Ciências tendo em vista a alfabetização científica. A autora identifica duas esferas de atuação do professor, uma delas relacionada a propósitos pedagógicos e a outra relacionada a propósitos epistemológicos, que se misturam na constituição desse processo. Para ilustrar essa discussão, são expostos processos de argumentação ocorridos em duas aulas distintas, uma delas que compreende a realização de uma atividade de experimentação e a outra que envolve a leitura de um texto.

No capítulo "O que se fala e se escreve nas aulas de Ciências?", Carla Marques Alvarenga de Oliveira discorre sobre a importância de momentos de discussão entre os estudantes e dos registros escritos dessas discussões na organização e sistematização dos conhecimentos trabalhados em aulas de Ciências. Para ilustrar esse tema, a autora apresenta a análise dos argumentos desenvolvidos por uma aluna, tanto em discussões orais como em registros escritos, ao longo de três aulas de uma sequência de ensino investigativa.

No capítulo "Ciências e leitura: um encontro possível", Luciana Sedano discute o papel de atividades de leitura no ensino de Ciências por meio da apresentação de resultados de uma pesquisa voltada para a análise da qualidade das leituras realizadas por alunos ao longo de uma sequência de ensino de Ciências. A autora argumenta que o texto nas aulas de Ciências contribui para uma aproximação entre os alunos e os conceitos científicos e para que a leitura seja bem aproveitada é necessário o desenvolvimento de estratégias com os alunos.

No capítulo "Por que os objetos flutuam? Três versões de diálogos entre as explicações das crianças e as explicações científicas", Maria Lucia Vital dos

Santos Abib apresenta três exemplos de atividades experimentais sobre o mesmo tema, estruturadas em diferentes níveis de dificuldade. Levando-se em conta a apresentação de resultados de pesquisas sobre concepções de crianças e adolescentes e das explicações científicas para o tema flutuação dos corpos, a autora discute o papel mediador do professor e possíveis formas de atuação dos alunos em cada uma das atividades propostas.

No capítulo "Sobre a natureza da Ciência e o ensino", Viviane Briccia explora a relação entre visões de Ciências e formas de ensino dessa disciplina em sala de aula. A partir da apresentação das principais distorções sobre a natureza do conhecimento científico, identificadas por pesquisadores tanto na divulgação científica como no ensino de Ciências, a autora propõe formas de trabalho em sala de aula que possibilitam a formação de visões mais adequadas, discutindo, por meio de exemplos, o papel do professor em promovê-las.

No capítulo "A Biologia e o ensino de Ciências por investigação: dificuldades e possibilidades", Daniela Lopes Scarpa e Maíra Batistoni e Silva discutem algumas das especificidades da biologia que precisam ser consideradas quando se almeja um ensino pautado na investigação. Levando-se em conta a identificação de dificuldades envolvidas na realização de experimentos investigativos com temas de biologia, as autoras defendem a necessidade de utilização de modalidades didáticas diversas para a promoção de um ensino dinâmico e criativo nos moldes da alfabetização científica. Para ilustrar essa proposta, são apresentados dois exemplos de iniciativas que buscam superar as dificuldades identificadas.

Com esta coletânea o leitor tem um amplo material sobre estratégias para o ensino de Ciências por investigação, seus fundamentos teóricos e as ações do professor ao conduzi-las. É importante destacar que o propósito desta obra não é levar o professor à mera reprodução das propostas aqui apresentadas, mas propiciar elementos para que reflita sobre suas próprias aulas e elabore seus planos de trabalho.

Maria Candida Varone de Morais Capecchi

1
O ensino de Ciências e a proposição de sequências de ensino investigativas

Anna Maria Pessoa de Carvalho

Alguns referenciais teóricos para a construção de sequências de ensino investigativas

Desde meados do século XX a educação sofre câmbios significativos, seguindo bem de perto as modificações ocorridas em nossa sociedade. A escola, com a finalidade de levar os alunos da geração atual a conhecer o que já foi historicamente produzido pelas gerações anteriores, também foi atingida por tais mudanças sociais. Durante muitos anos esses conhecimentos, pensados como produtos finais, foram transmitidos de maneira direta pela exposição do professor. Transmitiam-se os conceitos, as leis, as fórmulas. Os alunos replicavam as experiências e decoravam os nomes dos cientistas.

Dois fatores modificaram o processo de transferência do conhecimento de uma geração para a outra. O primeiro deles foi o aumento exponencial do conhecimento produzido – não é mais possível ensinar tudo a todos. Passou-se a privilegiar mais os conhecimentos fundamentais dando atenção ao processo de obtenção desses conhecimentos. Valorizou-se a qualidade do conhecimento a ser ensinado e não mais a quantidade. O segundo fator foram os trabalhos de epistemólogos e psicólogos que demonstraram como os conhecimentos eram construídos tanto em nível individual quanto social.

Muitos fatores e campos do saber influenciaram a escola de maneira geral e o ensino, em particular; no entanto, entre os trabalhos que mais influenciaram o cotidiano das salas de aula de ciências estão as investigações e as teorizações feitas pelo epistemólogo Piaget e os pesquisadores que com ele trabalharam, como ainda os conhecimentos produzidos pelo psicólogo Vigotsky e seus seguidores. Esses autores mostraram, com pontos de vista diferentes, como as crianças e os jovens constroem seus conhecimentos.

Inicialmente os educadores se debateram entre esses dois referenciais teóricos – o piagetiano e o vigotskiano – e suas possíveis influências no ensino. No entanto, por meio de pesquisas realizadas em ambientes escolares, o conflito entre as teorias se mostrou inexistente e o que se constata hoje é, ao contrário de décadas anteriores, uma complementaridade entre as ideias desses dois campos do saber quando aplicadas em diferentes momentos e situações do ensino e da aprendizagem em sala de aula.

As pesquisas piagetianas ao procurarem entender como o conhecimento, principalmente o científico, é construído pela humanidade, na busca da compreensão de sua epistemologia, partiram de dados empíricos retirados de entrevistas com crianças e adolescentes (Piaget, 1974 a, b). Estas ao serem realizadas com indivíduos de idades semelhantes a dos alunos escolares e com conteúdos próximos aos propostos pelos currículos de Ciências trouxeram ensinamentos úteis que orientam os professores, tanto no planejamento de suas sequências didáticas como em suas atitudes em sala de aula.

Um dos pontos que podemos salientar, e que se torna claro nas entrevistas piagetianas, é a *importância de um problema para o início da construção do conhecimento*. Ao trazer esse conhecimento para o ensino em sala de aula, esse fato – propor um problema para que os alunos possam resolvê-lo – vai ser o divisor de águas entre o ensino expositivo feito pelo professor e o ensino em que proporciona condições para que o aluno possa raciocinar e construir seu conhecimento. No ensino expositivo toda a linha de raciocínio está com o professor, o aluno só a segue e procura entendê-la, mas não é o agente do pensamento. Ao fazer uma questão, ao propor um problema, o professor passa a tarefa de raciocinar para o aluno e sua ação não é mais a de expor, mas de orientar e encaminhar as reflexões dos estudantes na construção do novo conhecimento.

Ao explicar o mecanismo de construção do conhecimento pelos indivíduos Piaget propõe conceitos como equilibração, desequilibração, reequilibração (Piaget, 1976). Entretanto o importante desta teoria para a organização do ensino é o entendimento que *qualquer novo conhecimento tem origem em um conhecimento anterior*. Este fato é um princípio geral de todas as teorias construtivistas e revolucionou o planejamento do ensino, uma vez que não é possível iniciar nenhuma aula, nenhum novo tópico, sem procurar saber o que os alunos já conhecem ou como eles entendem as propostas a serem realizadas. Com base nesse conhecimento cotidiano, propondo problemas, questões e/ou propiciando novas situações para que os alunos resolvam (ou seja, desequilibrando-os) é que terão condições de construir novos conhecimentos (reequilibração) (Piaget, 1976).

Ao estudar a reequilibração, ou seja, nos estudos da construção de novos conhecimentos pelos indivíduos, os trabalhos piagetianos apresentaram duas condições muito importantes para o ensino e a aprendizagem escolar: a passagem da ação manipulativa para a ação intelectual que tem lugar nesta construção, principalmente em crianças e jovens, e a importância da tomada de consciência de seus atos nessas ações (Piaget, 1978).

O entendimento da necessidade da *passagem da ação manipulativa para ação intelectual* na construção do conhecimento – neste caso incluindo o conhecimento escolar – tem um significado importante no planejamento do ensino, pois a finalidade das disciplinas escolares é que o aluno aprenda conteúdos e conceitos, isto é, constructos teóricos. Desse modo o planejamento de uma sequência de ensino que tenha por objetivo levar o aluno a construir um dado conceito deve iniciar por atividades manipulativas. Nesses casos a questão, ou o problema, precisa incluir um experimento, um jogo ou mesmo um texto. E a passagem da ação manipulativa para a construção intelectual do conteúdo deve ser feita, agora com a ajuda do professor, quando este leva o aluno, por meio de uma série de pequenas questões a *tomar consciência* de como o problema foi resolvido e porque deu certo, ou seja, a partir de suas próprias ações.

Essa passagem da ação manipulativa para ação intelectual por meio da tomada de consciência de suas ações não é fácil para os alunos nem para o professor, já que conduzir intelectualmente o aluno fazendo uso de questões, de sistematizações de suas ideias e de pequenas exposições também não é tarefa fácil. É bem menos complicado expor logo o conteúdo a ser ensinado.

É nesta etapa da aula que o professor precisa, ele mesmo, tomar consciência *da importância do erro na construção de novos conhecimentos*. Essa também é uma condição piagetiana. É muito difícil um aluno acertar de primeira, é preciso dar tempo para ele pensar, refazer a pergunta, deixá-lo errar, refletir sobre seu erro e depois tentar um acerto. O erro, quando trabalhado e superado pelo próprio aluno, ensina mais que muitas aulas expositivas quando o aluno segue o raciocínio do professor e não o seu próprio.

Todos os ensinamentos que podemos extrair das pesquisas e teorizações piagetianas são muito importantes para nos guiar para a construção de novos conhecimentos pelos alunos; no entanto, na escola, nas salas de aula, não trabalhamos com um único indivíduo, ao contrário temos de trinta a quarenta alunos juntos! É nessa ocasião, na construção social do conhecimento, que temos de levar em consideração os saberes produzidos por Vigotsky.

A importância do psicólogo Vigotsky para o ensino fundamenta-se em dois temas que o pesquisador desenvolveu em seus trabalhos. O primeiro, e para nós o mais fundamental, foi mostrar que "as mais elevadas funções mentais do indivíduo emergem de processos sociais". A discussão e a aceitação desse conhecimento trazido por Vigotsky (1984) veio modificar toda a interação professor-aluno em sala de aula.

O segundo tema foi demonstrar que os processos sociais e psicológicos humanos "se firmam por meio de ferramentas, ou artefatos culturais, que medeiam a interação entre os indivíduos e entre esses e o mundo físico". Assim o conceito de interação social mediada pela utilização de artefatos sociais e culturamente construídos (o mais importante entre eles é a linguagem) torna-se importante no desenvolvimento da teoria vigotskiana, uma vez que mostra que a utilização de tais artefatos culturais é transformadora do funcionamento da mente, e não apenas um meio facilitador dos processos mentais já existentes (Vigotsky, 1984).

O entendimento desse tema trouxe como influência para o ensino a necessidade de prestarmos atenção no desenvolvimento da linguagem em sala de aula como um dos principais artefatos culturais que fazem parte da interação social, não só no aspecto facilitador da interação entre professor e alunos, mas principalmente com a função transformadora da mente dos alunos.

A interação social não se define apenas pela comunicação entre o professor e o aluno, mas também pelo ambiente em que a comunicação ocorre, de modo que o aprendiz interage também com os problemas, os assuntos, a informação e os valores culturais dos próprios conteúdos com os quais estamos trabalhando em sala de aula.

Outro conceito trazido por essa teoria que muito influenciou a escola foi o conceito *de* "zona de desenvolvimento proximal" (ZDP) que define a distância entre o "nível de desenvolvimento real", determinado pela capacidade de resolver um problema sem ajuda, e o "nível de desenvolvimento potencial", determinado pela resolução de um problema sob a orientação de um adulto ou em colaboração com outro companheiro.

A teoria mostra que o desenvolvimento real é aquele que já foi consolidado pelo indivíduo, de forma a torná-lo capaz de resolver situações utilizando seu conhecimento de forma autônoma, portanto o nível de desenvolvimento real é dinâmico, aumenta dialeticamente com os movimentos do processo de aprendizagem.

O desenvolvimento potencial é uma incógnita, já que não foi ainda atingido; entretanto ele pode ser inferido com base no que o indivíduo consegue resolver com ajuda de um adulto ou de seus companheiros. O importante no entendimento deste nível é que ele é determinado pelas habilidades que o indivíduo já construiu, porém encontra-se em processo. Isto significa que a dialética da aprendizagem que gerou o desenvolvimento real gerou também habilidades que se encontram em um nível menos elaborado que o já consolidado. Em outras palavras podemos dizer que o desenvolvimento potencial é o conjunto de conhecimentos e habilidades que a pessoa potencialmente pode aprender, mas ainda não completou o processo, porém tem grande probabilidade para atingir com a orientação de outro, podendo esse outro ser um adulto (o professor) ou um colega de classe.

Esse é um conceito que, apesar de complexo, forneceu orientações para o desenvolvimento do ensino e trouxe também explicações do porquê algumas ações davam certo no dia a dia da sala de aula e outras não.

Uma destas ações que os professores já utilizavam com frequência em suas aulas é o *trabalho em grupo*. Com o conceito de zona de desenvolvimento proximal podemos entender o porquê os alunos se sentem bem nesta atividade: estando todos dentro da mesma zona de desenvolvimento real é muito mais fácil o entendimento entre eles, às vezes mais fácil mesmo do que entender o professor. Além disso, como mostra o conceito, os alunos têm condições de se desenvolver potencialmente em termos de conhecimento e habilidades com a orientação de seus colegas. O trabalho em grupo sobe de *status* no planejamento do trabalho em sala de aula passando de uma atividade optativa do professor para uma necessidade quando o ensino tem por objetivo a construção do conhecimento pelos alunos. Entretanto para utilizar a dinâmica de grupo eficazmente, dentro da teoria vigotskiana, deve-se escolher deixar os alunos trabalharem juntos quando na atividade de ensino tiver conteúdos e/ou habilidades a serem discutidos, ou quando eles terão a oportunidade de trocar ideias e ajudar-se mutuamente no trabalho coletivo. É o que chamamos de atividades sociointeracionistas. Se o trabalho em grupo for pensado como o somatório dos trabalhos individuais, ele poderá ter outra explicação, mas não a ZDP.

Vigotsky dá muito valor ao *papel do professor* na construção do novo conhecimento, dentro de uma proposta sociointeracionista, mostrando este como um elaborador de questões que orientarão seus alunos potencializando a construção de novos conhecimentos. Ao discutir a construção do conhecimento e de habilidades dentro das ZDP, isto é, a condução dos alunos da zona de desenvolvimento real para um possível desenvolvimento potencial – ele volta sempre ao papel desempenhado pelo adulto (no caso de um ensino escolar do professor) mostrando a necessidade deste auxílio, pois segundo ele o desenvolvimento consiste em um processo de aprendizagem dos usos das ferramentas intelectuais, pela interação social com outros mais experimentados no uso dessas ferramentas. Outro ponto importante de sua teoria foi mostrar o papel dos conhecimentos iniciais dos alunos. Vigotsky denominou o conjunto destes conhecimentos como zona de desenvolvimento real para a construção de novos conhecimentos.

Os *conceitos espontâneos* dos alunos, às vezes com outros nomes como conceitos intuitivos ou cotidianos, são uma constante em todas as propostas construtivistas, pois são a partir dos conhecimentos que o estudante traz para a sala de aula que ele procura entender o que o professor está explicando ou perguntando.

Partimos dos trabalhos de Piaget que mostrou como o indivíduo constrói os conhecimentos, dando-nos base para entender como nosso aluno constrói seu conhecimento. Passamos pelos trabalhos de Vigotsky que enfatizou o papel social desta construção e a importância da mediação onde os artefatos sociais e culturalmente construídos têm papel fundamental no desenvolvimento dos alunos dando direção para as nossas aulas. Além disso, tiramos da própria teoria de Vigotsky a necessidade de nos aprofundarmos mais na epistemologia do conhecimento a ser proposto para podermos construir atividades de ensino que representem "os problemas, os assuntos, as informações e os valores culturais dos próprios conteúdos com os quais estamos trabalhando em sala de aula" (Vigotsky, 1984), criando assim condições para que os alunos, social e individualmente, construam o conhecimento que se deseja ensinar.

Um dos pontos mais importantes da epistemologia das Ciências, e que coincide com os referenciais teóricos já descritos é a posição de Bachelard (1938) quando propõe que *todo o conhecimento é a resposta de uma questão*. Entretanto não deve ser uma questão ou um problema qualquer. Essa questão ou este problema, para ser uma questão para os alunos, deve estar dentro de sua cultura, sendo interessante para eles de tal modo que se envolvam na busca de uma solução e na busca desta solução deve-se permitir que exponham seus conhecimentos espontâneos sobre o assunto. Voltando a Bachelard (1938), ele escreve:

> Surpreendeu-me sempre que os professores de Ciências, mais que os outros [...] não reflitam sobre o fato de que o adolescente chega à aula de Física com conhecimentos empíricos já constituídos: trata-se, assim, não de adquirir uma cultura experimental, e sim mais precisamente de mudar de cultura experimental, de derrubar os obstáculos já acumulados pela vida cotidiana.

A "derrubada dos obstáculos já acumulados pela vida cotidiana" não é tarefa fácil para a escola, e um caminho é aceitar a proposta de Bachelard e procurar mudar a cultura experimental – de uma experimentação espontânea a uma experimentação científica – para que os alunos possam (re)construir seu conhecimento.

Não podemos dizer que temos um "método científico", entretanto temos etapas e raciocínios imprescindíveis em uma experimentação científica, o que a faz diferenciar de uma experimentação espontânea. Uma dessas etapas são a elaboração e o teste de hipóteses. O problema e os conhecimentos prévios – espontâneos ou já adquiridos – devem dar condições para que os alunos construam suas hipóteses e possam testá-las procurando resolver o problema. A solução do problema deve levar à explicação do contexto mostrando aos alunos que Ciências não é a natureza, mas leva a uma explicação da natureza. É nessa etapa que aparecem raciocínios científicos como "se"/"então", relacionando duas variáveis e a eliminação de variáveis que foram levantadas como hipótese, mas que a realidade mostrou que não interferem no problema (Locatelli e Carvalho, 2007).

A visão sociointeracionista apresenta a importância, em um processo de aprendizagem, da interação social com outros mais experientes nos usos das ferramentas intelectuais. A implicação desse fato para o ensino de Ciências é que as interações entre os alunos e principalmente entre professor e alunos devem levá-los à argumentação científica e à alfabetização científica (Sasseron e Carvalho, 2011).

Assim as questões do professor devem levá-los a buscar evidências em seus dados, justificativas para suas respostas, fazê-los sistematizar raciocínios como "se"/ "então"/"portanto" ou o raciocínio proporcional, isto é, se uma das variáveis cresce, a outra também cresce ou se uma delas cresce, a outra decresce. Nesses casos a linguagem científica, isto é, a linguagem argumentativa vai se formando.

A linguagem é outra questão de extrema importância quer nos trabalhos de Vigotsky quer no desenvolvimento científico. É preciso levar os alunos da linguagem cotidiana à linguagem científica e essa transformação, da palavra que os alunos trazem para a sala de aula, com significados cotidianos, para a construção de significados aceitos pela comunidade científica tem um papel importante na construção de conceitos, pois, como mostra Lemke (1997),

> [...] ao ensinar ciência, ou qualquer matéria, não queremos que os alunos simplesmente repitam as palavras como papagaios. Queremos que sejam capazes de construir significados essenciais com suas próprias palavras [...] mas estas devem expressar os mesmos significados essenciais que hão de ser cientificamente aceitáveis. (1997, p. 105)

Além disso, a linguagem das Ciências não é só uma linguagem verbal. As Ciências necessitam de figuras, tabelas, gráficos e até mesmo da linguagem matemática para expressar suas construções. Portanto, temos de prestar atenção nas outras linguagens, uma vez que somente as linguagens verbais – oral e escrita – não são suficientes para comunicar o conhecimento científico. Temos de integrar, de maneira coerente, todas as linguagens, introduzindo os alunos

nos diferentes modos de comunicação que cada disciplina utiliza, além da linguagem verbal, para a construção de seu conhecimento. O aluno na disciplina de Geografia tem de aprender a ler os mapas, já, na de Ciências, deve entender e dar significado a uma tabela ou um gráfico. Sem dominar essas outras linguagens, esses outros modos de comunicação, não se dominam os conteúdos específicos de cada uma das disciplinas.

O professor, como o outro mais experiente em uma interação social tem de ensinar os alunos no uso das linguagens próprias de cada disciplina. Nesse contexto, Márquez et al. (2003) nos mostra dois processos que facilitam a integração dos diversos tipos de linguagens:

- a cooperação, quando uma linguagem reforça o significado da outra. Podemos dar como exemplo um professor que ao discutir um gráfico ou um mapa vai também indicando com gesto e expressando verbalmente o que quer demonstrar. Assim ele está cooperando, isto é, mostrando o mesmo significado com as três linguagens: a verbal, a gestual e a gráfica;
- a especialização, quando uma das linguagens adiciona novo significado à outra.

O professor, ao falar que uma variável depende da outra, por exemplo: "quanto mais tempo uma panela ficar no fogo, maior será a temperatura da água", junto deve apresentar um gráfico demonstrando o aumento dessa temperatura com relação ao tempo. Esse gráfico demonstra determinado aumento de temperatura especificando a informação.

Introduzir os alunos nas diversas linguagens das Ciências é, na verdade, introduzi-lo na cultura científica, pois, como Lemke (1997) propõe: "ensinar Ciências é ensinar a falar Ciências". E essa introdução deve ser feita pelo professor, pois é ele o adulto mais experiente na sala de aula, com muito cuidado, conduzindo os alunos da linguagem cotidiana à linguagem científica, por meio de cooperações e especializações entre elas.

Do conhecimento teórico para o planejamento e interações didáticas das sequências de ensino investigativo – SEI

Para que os alunos sejam alfabetizados cientificamente, tem-se de organizar as aulas de maneira compatível com os referenciais teóricos, o que não é tarefa fácil, pois a sala de aula é um ambiente completamente diferente tanto dos laboratórios científicos como dos estudos de Piaget e Vigotsky.

Também é importante deixar claro que não há expectativa de que os alunos vão pensar ou se comportar como cientistas, pois eles não têm idade, nem conhecimentos específicos nem desenvoltura no uso das ferramentas científicas para tal realização. O que se propõe é muito mais simples – queremos criar um ambiente investigativo em salas de aula de Ciências de tal forma que possamos ensinar (conduzir/mediar) os alunos no processo (simplificado) do trabalho científico para que possam gradativamente ir ampliando sua cultura científica, adquirindo, aula a aula, a linguagem científica como mostrada nos parágrafos anteriores, se alfabetizando cientificamente (Sasseron e Carvalho, 2008).

O mesmo acontece com os estudos piagetianos e vigostskianos. Não vamos replicá-los, pois esse não é o objetivo da escola, o que devemos fazer é utilizar os conhecimentos construídos por esses autores para, nas salas de aulas, criar um ambiente propício para os alunos construir seus próprios conhecimentos.

Nesse contexto teórico é que propomos as sequências de ensino investigativas (SEIS), isto é, sequências de atividades (aulas) abrangendo um tópico do programa escolar em que cada atividade é planejada, do ponto de vista do material e das interações didáticas, visando proporcionar aos alunos: condições de trazer seus conhecimentos prévios para iniciar os novos, terem ideias próprias e poder discuti-las com seus colegas e com o professor passando do conhecimento espontâneo ao científico e adquirindo condições de entenderem conhecimentos já estruturados por gerações anteriores.

Assim, uma sequência de ensino investigativa deve ter algumas atividades--chave: na maioria das vezes a SEI inicia-se por um problema, experimental ou teórico, contextualizado, que introduz os alunos no tópico desejado e ofereça condições para que pensem e trabalhem com as variáveis relevantes do fenômeno científico central do conteúdo programático. É preciso, após a resolução do problema, uma atividade de sistematização do conhecimento construído pelos alunos. Essa sistematização é a praticada de preferência por meio da leitura de um texto escrito quando os alunos podem novamente discutir, comparando o que fizeram e o que pensaram ao resolver o problema, com o relatado no texto. Uma terceira atividade importante é a que promove a contextualização do conhecimento no dia a dia dos alunos, pois, nesse momento, eles podem sentir a importância da aplicação do conhecimento construído do ponto de vista social. Essa atividade também pode ser organizada para o aprofundamento do conhecimento levando os alunos a saber mais sobre o assunto. Algumas SEIS, para dar conta de conteúdos curriculares mais complexos, demandam vários ciclos dessas três atividades ou mesmo outros tipos delas que precisam ser planejadas.

Além de ensinar Ciências (ou qualquer outro conteúdo específico) a escola exige também do professor outras funções, como a de avaliar seus alunos

(Jiménez-Aleixandre et al., 2000). As inovações didáticas devem estar ligadas a inovações na avaliação, pois uma nova postura metodológica em sala de aula torna-se inconsistente aliada a uma postura tradicional de avaliação. Assim, propomos que uma atividade de avaliação e/ou de aplicação seja organizada ao término de cada ciclo que compõe uma SEI.

Nos parágrafos seguintes vamos detalhar, com maior profundidade, o planejamento e as interações didáticas das principais atividades que compõem as Sequências de Ensino Investigativas.

O problema

Muitas vezes os professores chamam o problema de desafio, principalmente os professores dos primeiros anos do Ensino Fundamental, entretanto preferimos denominar essa atividade de "problema" para uma maior identificação com os referenciais teóricos propostos.

Vários são os tipos de problemas que se pode organizar para iniciar uma SEI, o mais comum e o que envolve mais os alunos é, sem dúvida, o problema experimental, entretanto há várias experiências que trabalham com elementos que são perigosos para os alunos manipularem, como experiências com fogo – neste caso a manipulação deve ser feita pelo professor e o problema torna-se uma demonstração investigativa. Outras vezes o problema pode ser proposto com base em outros meios como figuras de jornal ou internet, texto ou mesmo ideias que os alunos já dominam: são os problemas não experimentais. Entretanto, qualquer que seja o tipo de problema escolhido, este deve seguir uma sequência de etapas visando dar oportunidade aos alunos de levantar e testar suas hipóteses, passar da ação manipulativa à intelectual estruturando seu pensamento e apresentando argumentações discutidas com seus colegas e com o professor. No planejamento dessas atividades o problema e o material didático que dará suporte para resolvê-lo devem ser organizados simultaneamente, pois um depende intrinsecamente do outro.

O problema experimental

O material didático – aparato experimental, textos, figuras – sobre o qual o problema será proposto precisa ser bem organizado para que os alunos possam resolvê-lo sem se perder, isto é, o material didático deve ser intrigante para despertar a atenção deles, de fácil manejo para que possam manipular e chegar a uma solução sem se cansarem (veja exemplos no site: www.lapef.fe.usp.br).

O material didático deve permitir que o aluno, ao resolver o problema, possa diversificar suas ações, pois é quando vai poder variar a ação e observar alterações correspondentes da reação do objeto que ele tem a oportunidade de estruturar essas regularidades. Caso não ocorra, isto é, se não houver uma correspondência direta entre as variações nas ações e reações, tal fenômeno oferecerá pouca oportunidade para estruturação intelectual.

O problema não pode ser uma questão qualquer. Deve ser muito bem planejado para ter todas as características apontadas pelos referenciais teóricos: estar contido na cultura social dos alunos, isto é, não pode ser algo que os espantem, e sim provoque interesse de tal modo que se envolvam na procura de uma solução e essa busca deve permitir que os alunos exponham os conhecimentos anteriormente adquiridos (espontâneos ou já estruturados) sobre o assunto. É com base nesses conhecimentos anteriores e da manipulação do material escolhido que os alunos vão levantar suas hipóteses e testá-las para resolver o problema.

O gerenciamento da classe e o planejamento das interações didáticas entre alunos e seus colegas e entre professor e alunos são tão importantes como o planejamento do material didático e a elaboração do problema. Vamos explicar essas ações, do professor e dos alunos, em etapas.

- *Etapa de distribuição do material experimental e proposição do problema pelo professor*

Nessa etapa o professor divide a classe em grupos pequenos, distribui o material, propõe o problema e confere se todos os grupos entenderam o problema a ser resolvido, tendo o cuidado de não dar a solução nem mostrar como manipular o material para obtê-la. Principalmente nos primeiros anos do Ensino Fundamental, quando as experiências são bastante simples, é comum que, sem querer, o professor indique a resposta, o que pode eliminar toda a possibilidade de o aluno pensar.

- *Etapa de resolução do problema pelos alunos*

Nesta etapa, o importante não é o conceito que se quer ensinar, mas as ações manipulativas que dão condições aos alunos de levantar hipóteses (ou seja, ideias para resolvê-lo) e os testes dessas hipóteses (ou seja, pôr essas ideias em prática). É a partir das hipóteses – das ideias – dos alunos que quando testadas experimentalmente deram certo que eles terão a oportunidade de construir o conhecimento. As hipóteses que quando testadas não deram certo também são muito importantes nessa construção, pois é a partir do erro – o que não deu certo – que os alunos têm confiança no que é o certo, eliminando as variáveis que não interferem na resolução do problema. O erro ensina... e muito.

A resolução do problema precisa ser feita em pequenos grupos, pois os alunos com desenvolvimentos intelectuais semelhantes têm mais facilidade de comunicação. Além disso, também há a parte afetiva: é muito mais fácil propor suas ideias a um colega que ao professor. E, como o erro nessa etapa é importante para separar as variáveis que interferem daquelas que não interferem na resolução do problema, os alunos precisam errar, isto é, propor coisas que pensam testá-las e verificar que não funcionam. Tudo isso é mais fácil sem o professor por perto.

O papel do professor nessa etapa é verificar se os grupos entenderam o problema proposto. E deixá-los trabalhar.

- *Etapa da sistematização dos conhecimentos elaborados nos grupos*
O professor, ao verificar que os grupos já terminaram de resolver o problema, deve então recolher o material experimental, para que os alunos não continuem a brincar com eles, desfazer os grupos pequenos e organizar a classe para um debate entre todos os alunos e o professor. O ideal é um grande grupo, em círculo, em que cada aluno possa ver os outros colegas. Muitas vezes esse formato não é possível nas escolas.

Nesta etapa o papel do professor é muito importante. A aula, neste momento, precisa proporcionar espaço e tempo para a sistematização coletiva do conhecimento. Ao ouvir o outro, ao responder à professora, o aluno não só relembra o que fez, como também colabora na construção do conhecimento que está sendo sistematizado.

Por meio de perguntas – especialmente "Como vocês conseguiram resolver o problema?" – o professor busca a participação dos alunos, levando-os a tomar consciência da ação deles. É a etapa da passagem da ação manipulativa à ação intelectual. E como ação intelectual os alunos vão mostrando, por meio do relato do que fizeram, as hipóteses que deram certo e como foram testadas. Essas ações intelectuais levam ao início do desenvolvimento de atitudes científicas como o levantamento de dados e a construção de evidências.

O professor, ao atentar que todos já relataram o que fizeram, deve fazer a próxima pergunta (ou conjunto de perguntas) "Por que vocês acham que deu certo?" ou "Como vocês explicam o porquê de ter dado certo?". Com esse tipo de pergunta os alunos buscarão uma justificativa para o fenômeno ou mesmo uma explicação causal, mostrando, no conjunto da classe, uma argumentação científica.

Essa explicação causal leva à procura de uma palavra, um conceito que explique o fenômeno. É nessa etapa que há a possibilidade de ampliação do vocabulário dos alunos. É o início do "aprender a falar ciência" (Lemke 1997).

Algumas vezes, no Ensino Fundamental, mas, quase sempre, no Ensino Médio, a sistematização dos dados leva à construção de tabelas e gráficos. Em tais casos a mediação do professor torna-se indispensável, pois, ao conduzir uma interação que vise à construção do conceito, também terá de conduzir a tradução entre a linguagem da tabela e do gráfico para a linguagem oral, buscando a cooperação e a especialização entre as linguagens científicas.

- *Etapa do escrever e desenhar*
Esta é a etapa da sistematização individual do conhecimento. Durante a resolução do problema os alunos construíram uma aprendizagem social ao discutir primeiro com seus pares e depois com a classe toda sob a supervisão do professor. É necessário, agora, um período para a aprendizagem individual. O professor deve, nesse momento, pedir que eles escrevam e desenhem sobre o que aprenderam na aula. O diálogo e a escrita são atividades complementares, mas fundamentais nas aulas de Ciências, pois, como o diálogo é importante para gerar, clarificar, compartilhar e distribuir ideias entre os alunos, o uso da escrita se apresenta como instrumento de aprendizagem que realça a construção pessoal do conhecimento (Oliveira e Carvalho, 2005). Voltaremos a discutir a escrita dos alunos no Capítulo 4.

Demonstrações investigativas

São problemas experimentais em que a ação é realizada pelo professor, pois, nesses casos, a aparelhagem oferece perigo ao ser manipulada pelos alunos. As etapas para o desenvolvimento desses problemas são as mesmas dos problemas experimentais, mas o professor precisa de mais autocontrole, na etapa de *resolução do problema*. Antes de manipular a aparelhagem para resolver o problema, é interessante fazer perguntas do tipo: "Como vocês acham que eu devo fazer?", de modo a dar tempo para os alunos levantarem hipóteses e indicarem soluções que, então, serão realizadas pelo professor.

Também é preciso sempre lembrar que a resolução do problema não acaba na etapa manipulativa, quando se resolve o problema experimentalmente, pois a parte mais importante da resolução do problema é justamente a passagem da ação manipulativa – nesse caso realizada pelo professor – para a ação intelectual, que deve ser feita pelos alunos (tal relação será aprofundada no Capítulo 3). É a *etapa da sistematização do conhecimento*. Perguntas como "O que nós fizemos para resolver o problema?" levam os alunos a tomar consciência das ações praticadas pelo professor e a estruturar os dados mostrando as evidências importantes do fenômeno. E perguntas como "Por que quando eu fiz essas ações o problema foi solucionado?" dão condições para que eles iniciem o processo argumentativo. Somente depois de proporcionar um período para os alunos pensarem, exporem suas argumentações, e em uma interação discursiva com os alunos, o professor terá a oportunidade de sistematizar o conceito que foi o objetivo do problema.

Também na demonstração investigativa deve ser dada oportunidade aos alunos de exporem individualmente, o que aprenderam por meio *de trabalho escrito e/ou desenhado*.

Problemas não experimentais

São problemas bastante utilizados no ensino, às vezes no início de uma SEI, mas também como atividade complementar visando à introdução de novos conhecimentos que darão sustentação ao planejamento curricular.

É muito comum, no Ensino Fundamental, o professor pedir para os alunos trazerem figuras de revistas e/ou gravuras de *sites* indicados na internet para a construção de um conceito. Quando os alunos já apresentam maior desenvoltura na leitura, os problemas não experimentais podem ser elaborados com o auxílio de notícias e/ou reportagem de jornais.

Nesse tipo de problema – quando o trabalho é com imagens – a ação manipulativa quase sempre visa à classificação delas, organizando-as na direção da resolução da questão proposta. E esse momento da atividade precisa ser feito em grupos pequenos de alunos, já que a atividade intelectual de se propor uma classificação requer discussão onde se levanta hipóteses e as testa.

As etapas para o desenvolvimento intelectual dos alunos com o objetivo de construção do conhecimento são as mesmas dos outros tipos de problemas: resolução do problema pelos grupos, sistematização do conhecimento elaborado e trabalho escrito sobre o que fizeram.

Muitas vezes esse tipo de problema é planejado em uma SEI para criar condições de introduzir os alunos em outras linguagens da Ciência, como a leitura de tabelas e gráficos. Um exemplo de problema do gênero, bastante comum em muitos livros-texto, é o proposto para analisar as tabelas nutricionais que constam dos rótulos dos alimentos industrializados. Nesses casos o importante não são os conceitos, mas a tradução da linguagem gráfica em linguagem oral. As perguntas "como?" e "por quê?", na etapa da sistematização do conhecimento, devem ser direcionadas a esse objetivo.

Outro exemplo de problema com o mesmo objetivo, isto é, a introdução dos alunos nas diversas linguagens de Ciência, é aquele que, não sendo experimental, trabalha com dados experimentais trazidos pelo professor e/ou obtidos pelos próprios alunos em outras aulas. São problemas teóricos, de mais difícil resolução, pois, nesses casos, estão intrínsecas as operações intelectuais de cooperação e especialização entre as linguagens. Também nesses problemas é muito importante o trabalho em pequenos grupos de alunos, e a mediação do professor quando da sistematização do conhecimento.

Leitura de texto de sistematização do conhecimento

O professor propõe o problema, organiza os alunos para trabalhar em grupo, discute com toda a classe, sistematiza o conceito ou o conhecimento que foram o objetivo do problema, mas, ainda assim, permanece a todos os professores a questão: "Será que todos os alunos entenderam, ou somente os que falaram durante a aula?". Mesmo analisando os trabalhos escritos feitos pelos alunos não se obtém essa resposta, pois eles nunca abordam todas as etapas desenvolvidas nas aulas e, muitas vezes, a imaginação corre solta, e os alunos relacionam o que aprenderam com o seu dia a dia, o que é muito bom, mas não traz segurança aos professores sobre o conhecimento que se pretendeu ensinar

Um texto de sistematização, então, se torna extremamente necessário, não somente para repassar todo o processo da resolução do problema, como também o produto do conhecimento discutido em aulas anteriores, isto é, os principais conceitos e ideias surgidos. E tanto o processo da solução do problema como o produto agora são apresentados em uma linguagem mais formal, ainda que compreensível pelos alunos. A sistematização dessa linguagem mais formal torna-se necessária, uma vez que, durante todo o debate em que se deu a construção do conhecimento pelo aluno, a linguagem da sala de aula era muito mais informal que formal.

E essa atividade, de leitura e discussão da leitura do texto de sistematização, deve ser pensada como uma atividade complementar ao problema.

Nos primeiros anos do Ensino Fundamental o texto pode ser lido pelo próprio professor, uma vez que os alunos ainda não dominam a leitura de um texto de vários parágrafos. Nas séries posteriores são os alunos que se tornam responsáveis pela leitura, entretanto o professor precisa se certificar de que todos entenderam por meio de discussões ou de questionários bem organizados. (Veja Capítulo 5 – Ciências e leitura: um encontro possível, p. 77)

Atividades que levam à contextualização social do conhecimento e/ou ao aprofundamento do conteúdo – Para saber mais

São vários os tipos de atividades de contextualização possíveis de serem planejados.

As mais simples se reduzem *a questões* como "No seu dia a dia onde vocês podem verificar esse fenômeno?" logo após a discussão do problema. Essa é uma questão elementar, singela mesmo, mas que leva o aluno, na sua imaginação, da sala de aula à sua realidade.

Nas atividades de conhecimento físico (Carvalho et al., 1998; www.lapef.fe.usp.br) sempre obtivemos contextualizações bastante interessantes sobre os fenômenos estudados. Podemos citar alguns exemplos: no fim do problema "sombras iguais", quando o conceito a ser aprendido pelos alunos era o de sombra, a resposta quase imediata à pergunta de contextualização foi falar sobre o guarda-sol na praia. No problema "das sombras no espaço", planejado para introduzirmos, em aulas posteriores, a explicação dos eclipses, esse fenômeno foi perfeitamente explicado por um aluno, quando depois de discutir a experiência o professor perguntou: "O que vocês viram nesta semana que poderia ter a mesma explicação?". No problema da bolinha que desce em uma rampa e cai em uma cestinha, relacionando a altura de queda com a velocidade, os alunos tanto comentaram sobre a montanha-russa dos parques de diversão como sobre a realidade de descer um morro de bicicleta e cair porque sua velocidade era grande.

Muitas vezes a contextualização pretendida apresenta um objetivo mais elaborado. Por exemplo, com a mesma atividade do problema da cestinha o professor pode chegar à produção de energia elétrica nas usinas hidrelétricas. Nesses casos, a contextualização social do conhecimento deve ser feita mediante um texto organizado para esse fim. Agora transformar esse texto em uma atividade investigativa demanda o planejamento de um problema do tipo "O que há de semelhante entre o que você viu e fez resolvendo o problema da bolinha na cestinha e a descrição de produção de energia elétrica em uma usina hidrelétrica?".

Os textos de contextualização sempre devem ser seguidos de questões que relacionem o problema investigado com o problema social (ou tecnológico). O trabalho a ser realizado em sala de aula deve obedecer às mesmas etapas já apresentadas: a discussão em grupo pelos alunos; a abertura das discussões com toda a classe, coordenada pelo professor, e a escrita individual pelos alunos em seus cadernos.

Em muitas Sequências de Ensino Investigativas é preciso ir além do conteúdo explorado pelo problema e pela atividade de contextualização social do conhecimento. Nesses casos, novas atividades são planejadas com essa finalidade. Essas atividades podem ser organizadas com diversos tipos de material didático como: coleções de figuras recortadas de revistas, textos, jogos, pequenos vídeos e/ou simulações encontradas na internet sobre o assunto tratado, entre outros.

O ideal é que essas atividades sejam aplicações interessantes do conteúdo que está sendo desenvolvido ou mesmo um aprofundamento em que serão introduzidos novos conceitos correlatos importantes para o desenvolvimento de novas SEIS. Vamos exemplificar com algumas SEIS que organizamos para o Ensino Fundamental (Carvalho et al., 2011).

Depois de uma experiência demonstrativa na qual o professor conduz os alunos a observar a esterilização de alimentos são introduzidos dois textos como "Para Saber Mais": o primeiro deles para discutir que nem todo alimento que apresenta microrganismos está estragado, e o segundo que expõe os microrganismos causadores de doenças. Em outra SEI com o objetivo de estudar as transformações de materiais, depois de propormos dois problemas – um experimental: "como encher o balão de aniversário sem assoprar dentro dele", e outro demonstrativo: "observar a queima de um papel" –, introduz-se um texto explicativo sobre a fumaça e o gás carbônico.

No entanto, o mais importante, ao planejarmos as atividades de aprofundamento, é que estas devem ser pensadas como atividades investigativas, isto é, todas devem ser organizadas para que os alunos em grupo discutam, expondo aos colegas suas ideias e seus entendimentos do texto (ou do vídeo, do jogo, da simulação, entre outros recursos) e, após a discussão em grupo, o professor sistematize o conhecimento com uma releitura do texto.

Nos últimos anos do nível Fundamental e Médio, as atividades de contextualização social do conhecimento ou de aprofundamento podem ser feitas com textos de História das Ciências. Esses são muito ricos, pois iniciam os alunos às ideias e aos processos aplicados pelos cientistas. Como quase sempre a Ciência ensinada na escola está defasada em séculos da Ciência produzida na atualidade, tais textos históricos dão margem a discussões que relacionam Ciência e desenvolvimento social. Entretanto, assim como nos textos organizados para o Fundamental I, estes devem ser planejados aliados a questões que deverão dar suporte para que os alunos discutam o texto em grupos pequenos antes que a discussão seja dirigida pelo professor.

Atividade de avaliação e/ou aplicação finalizando uma SEI

Como já se evidenciou anteriormente uma SEI pode ser formada por um ciclo, ou por vários ciclos, dessas atividades principais, mas, no final das atividades ou pelo menos no final de cada ciclo, é importante planejar uma avaliação. No entanto, não deve ter o caráter de uma avaliação somativa, que visa a classificação dos alunos, mas, sim, uma avaliação formativa que seja instrumento para que alunos e professor confiram se estão ou não aprendendo. E tais instrumentos de avaliação precisam ter as mesmas características que o ensino proposto. E a proposta das SEIs está pautada na ideia de um ensino cujos objetivos concentram-se tanto no aprendizado dos conceitos, termos e noções científicas como no aprendizado de ações, atitudes e valores próprios da cultura científica.

Assim, temos de compatibilizar os objetivos do ensino, realizado pelas atividades das SEIS, com a avaliação da aprendizagem dos alunos nos mesmos termos: avaliação dos conceitos, termos e noções científicas, avaliação das ações e processos da ciência e avaliações das atitudes exibidas durante as atividades de ensino.

Esse processo exige uma mudança de postura do professor em relação às formas de avaliar a aprendizagem dos alunos. É importante que sempre esteja atento à sua turma, às ações e aos resultados por ela realizados e alcançados. A observação e os registros do professor sobre os alunos são um instrumento de avaliação essencial para acompanhar o desempenho dos estudantes.

Avaliar os conteúdos conceituais é uma tradição no ensino, e os professores não têm dificuldades em construir instrumentos para essa avaliação. O que propomos é que nas SEIS essas avaliações, com maior foco na aprendizagem conceitual, sejam planejadas na forma de questionamento, da construção de um painel, da resposta às cruzadinhas. Logicamente, com algumas dessas atividades podemos também avaliar os conteúdos processuais e atitudinais. É importante que o professor faça uso da imaginação para que a atividade não se torne monótona, pois, sendo interessante, os alunos nem sempre vão perceber que são avaliados. Podemos denominar essas atividades de "Pense e resolva", porque realmente é uma aplicação do conteúdo já ensinado em uma nova atividade investigativa. Outra forma de avaliação do conteúdo conceitual, esta mais tradicional, é, ao final de cada SEI, organizar um questionário sobre os pontos fundamentais que foram desenvolvidos.

Os conteúdos processuais e atitudinais não são tão comuns de serem avaliados na escola, mas nas SEIS essas avaliações se tornam importantes, pois fazem parte integrante do ensino de Ciências como investigação e precisam ser ressaltados pelos professores para os alunos. Vamos dar exemplos de comportamentos de alunos que indicam estar aprendendo o processo da construção do conhecimento científico e apresentam atitudes compatíveis com tal procedimento.

Quando na etapa da resolução do problema em pequenos grupos, deve-se observar os alunos: se estes colaboram entre si na busca da solução do problema, se apresentam comportamento que indica uma aprendizagem atitudinal e se eles discutem buscando ideias que servirão de hipóteses e as testam – isso indica uma aprendizagem processual do grupo. É preciso verificar quem não participa nem em termos de atitude nem em termos de processo. Essa avaliação deve ser feita sempre que os grupos trabalharem. É esse o papel do professor nessa etapa da aula.

A discussão é aberta, professor/classe, os comportamentos que indicam uma aprendizagem atitudinal são, por exemplo, o esperar a sua vez para falar ou prestar atenção e considerar a fala do colega. Comportamentos relacionados ao domínio procedimental podem ser observados quando o aluno descreve as ações observadas; relaciona causa e efeito, explica o fenômeno observado.

No trabalho escrito dos alunos constata-se a aprendizagem atitudinal quando eles escrevem os verbos de ação no plural mostrando o respeito pelo trabalho realizado em grupo, e a aprendizagem procedimental é evidenciada quando relatam, por meio do texto e/ou do desenho, a sequência das ações realizadas e as relações existentes entre as ações e o fenômeno investigado.

Na leitura de textos, tanto os de sistematização das ações, que levaram à resolução do problema, como os organizados para contextualizar e/ou aprofundar os conhecimentos enfocados na sequência, temos como critérios, para a avaliação desse tópico, a verificação de se o aluno consegue selecionar as informações relevantes do texto e se ele relaciona a leitura aos diferentes momentos das atividades experimentais já vivenciadas anteriormente. Entretanto, para classificar a aprendizagem desses critérios em conceituais, processuais e/ou atitudinais são necessárias mais informações, como o modo que foram trabalhados na classe pelo professor. Se o trabalho dos alunos foi individualmente e por escrito, esses objetivos podem ser classificados como conceituais; no entanto, se foram debatidos professor/classe é possível, que, durante a discussão, surjam atitudes e procedimentos que mereçam uma avaliação (positiva) do professor.

Outras atividades, como o trabalho com figuras, construção de painel, observação de vídeos da internet, apresentam critérios de avaliação atitudinal e procedimental muito semelhantes aos descritos anteriormente.

Uma avaliação pensada como formativa, realizada no decorrer do ensino de uma SEI, tem a finalidade também de proporcionar oportunidades para uma autoavaliação por parte dos alunos, cabendo ao professor orientá-los no reconhecimento de seus avanços e nas conquistas que, ainda, precisam ser alcançadas.

Referências bibliográficas

BACHELARD, G. *La formation de l'esprit scientifique*. Paris: Vrin, 1938.

CARVALHO, A. M. P. et al. *Conhecimento físico no ensino fundamental*. São Paulo: Scipione, 1998.

CARVALHO, A. M. P. et al. *Investigar e aprender ciências*. São Paulo: Sarandi, 2011.

JIMÉNEZ-ALEIXANDRE, M. P.; BUGALLO RODRIGUEZ, A.; DUSCHL, R. A. "Doing the lesson" or "doing science": Argument in High School Genetics. *Science Education*, v. 84, p. 757-792, 2000.

LOCATELLI, R. J.; CARVALHO A. M. P. Uma análise do raciocínio utilizado pelos alunos ao resolverem os problemas propostos nas atividades de conhecimento físico. *Revista Brasileira de Pesquisa em Educação em Ciências*, v. 7, p. 1-18, 2007.

LEMKE, J. L. *Aprendendo a hablar ciencias*: Linguagem, aprendizajem y valores. Barcelona: Paidos, 1997.

MÁRQUEZ, C.; IZQUIERDO, M.; ESPINET, M. Comunicación multimodal en la clase de Ciencias: el ciclo del agua. *Enseñanza de las Ciencias*, v. 21, n. 3, p. 371-386, 2003.

OLIVEIRA, C. M. A.; CARVALHO, A. M. P. Escrevendo em aulas de Ciências. *Ciência e Educação* (UNESP) v. 11, p. 347-366, 2005.

PIAGET, J. *A tomada de consciência*. São Paulo: Melhoramentos/Edusp, 1977(a).

_____. *La explicación en las ciencias*. Barcelona: Martinez Roca, 1977(b)

_____. *A equilibração das estruturas cognitivas*. Rio de Janeiro: Zahar Editores: 1976.

PIAGET, J. *Fazer e compreender*. São Paulo: Melhoramentos/Edusp, 1978.

SASSERON, L. H.; CARVALHO, A. M. P. Construindo argumentação na sala de aula: A presença do ciclo argumentativo, os indicadores de alfabetização científica e o padrão de Toulmin. *Ciência e Educação* (UNESP), v. 17, p. 97-114, 2011.

SASSERON, L. H.; CARVALHO, A. M. P. Almejando a alfabetização científica no ensino fundamental: A proposição e a procura de indicadores do processo. *Investigações em Ensino de Ciências* (UFRGS), v. 13, p. 333-352, 2008.

VIGOTSKY, L. S. *A formação social da mente*. São Paulo: Martins Fontes, 1984.

2
Problematização no ensino de Ciências

Maria Candida Varone de Morais Capecchi

> Tenho a impressão de que não é a primeira vez que dou por mim nesta situação: com o arco que acaba de se afrouxar na mão esquerda esticada para a frente, a mão direita contraída para trás, a flecha F suspensa no ar a cerca de um terço de sua trajetória, e, um tanto mais adiante, suspenso ele também no ar, e também ele a cerca de um terço de sua trajetória, o leão L no instante em que vai saltar para cima de mim com a goela escancarada e os artelhos esticados. Em um segundo saberei se a trajetória da flecha e a do leão coincidirá ou não num ponto x cruzado tanto por L como por F no mesmo segundo t_x, isto é, se o leão vai se revirar no ar com um rugido sufocado pelo fluxo de sangue que inundará sua garganta negra transpassada pela flecha, ou se vai desabar incólume sobre mim aterrando-me com uma dupla patada que vai me dilacerar o tecido muscular dos ombros e do tórax, enquanto sua boca, tornando a se fechar com um simples impulso dos maxilares, vai arrancar minha cabeça do pescoço na altura da primeira vértebra.
>
> *Ítalo Calvino* (2007)

Assim, o ilustre escritor Ítalo Calvino inicia seu conto "T=0", em que narra as reflexões de um caçador, imediatamente após lançar uma flecha em direção a um leão prestes a devorá-lo. Nesse conto, o personagem faz uma série de conjeturas sobre o tempo. Não é difícil identificar em sua narrativa uma linguagem em tom científico. Ao questionar-se sobre a possibilidade de ser ou não devorado pelo leão, o personagem descreve um quadro esquemático muito característico de aulas de Física, em que cada ente envolvido em dado fenômeno recebe uma denominação algébrica e toda a riqueza de detalhes que forma a cena é substituída por um esquema *simplificado*, em que constam apenas as variáveis relevantes para o estudo em questão – a saber, se as trajetórias da flecha e do leão se cruzarão ou não em algum instante **t**. Este viés científico também pode ser notado pelos termos utilizados para descrever partes dos corpos do leão e do caçador: "fluxo de sangue"; "artelhos esticados"; "tecido muscular dos ombros e tórax"; "impulso dos maxilares" e "na altura da primeira vértebra".

Ítalo Calvino pode ser enquadrado entre aqueles escritores que, conforme Zanetic (1998), têm veia científica – escritores "que, com menor ou maior conhecimento das grandes sínteses científicas e suas implicações, produziram obras literárias utilizando tal conhecimento tanto como fonte inspiradora do conteúdo quanto como guia metodológico/filosófico". O conto aqui citado encontra-se na obra *Todas as cosmicômicas*, em que são narradas aventuras de um personagem que testemunha os primórdios do universo e, levando-se em conta enunciados científicos, trata de sentimentos humanos.

E por que trazer esta discussão de Calvino para iniciar um texto sobre problematização no ensino de Ciências? Porque problematizar é superar o olhar fundado no senso comum. O que envolve, de acordo com Paulo Freire, criticar a curiosidade ingênua por meio da possibilidade de condições para que os estudantes aproximem-se "de forma cada vez mais metodicamente rigorosa do objeto cognoscível" (Freire, 1996, p. 35).

No ensino de Ciências, assim como no ensino de outras áreas de conhecimento, esta aproximação *metodicamente rigorosa do objeto cognoscível* envolve aprender a falar e se expressar por meio de ferramentas específicas. Determinadas questões geram a necessidade de certos instrumentos de investigação para respondê-las. A descrição apresentada por Calvino já vem construída a partir de um recorte da situação vivida por seu personagem. Recorte, este, realizado a partir do ponto de vista da análise dos movimentos da flecha e do leão. O caçador de Calvino ao se questionar se a flecha alcançaria ou não o leão, antes que este conseguisse devorá-lo, do ponto de vista da cinemática, os atributos desses dois entes a serem considerados são suas posições e velocidades, em dado instante de tempo, incluindo informações de direção e sentido. Dados sobre a cor do leão e as árvores que estão à sua volta, a menos que estas estejam localizadas em sua trajetória, entre outros, não são importantes. Os elementos que constituem o cenário construído para responder à questão proposta não são dados diretamente pela cena, mas identificados a partir de abstrações inseridas em um arcabouço teórico que possibilita realizá-las. Na análise descrita por Calvino, tanto o leão quanto a flecha são reduzidos a pontos materiais, cujos tamanhos e massas podem ser desprezados no estudo cinemático de suas trajetórias. Fazer este recorte não é algo trivial, é preciso saber identificar quais informações são relevantes para responder à questão dada e quais podem ser desprezadas. Além disso, nem todos os elementos envolvidos nessa descrição são concretos ou intuitivos.

Lemke (2003) nos alerta que

> Nenhum conceito científico representa uma realidade preexistente absoluta; cada conceito científico oferece um meio de interpretação de nossa experiência no mundo [...]. Cada conceito científico é um elemento em um sistema de sinais, e também é uma fusão ou integração de elementos simultâneos e conjuntos em vários diferentes sistemas de sinais.

Tradicionalmente, os cursos de Ciências são voltados para o acúmulo de informações, muitas vezes consideradas *uma realidade preexistente absoluta* descoberta pelos cientistas. O principal foco de atenção está sobre os produtos da Ciência e o desenvolvimento de habilidades estritamente operacionais, em que, muitas vezes, o vocabulário formal, a linguagem matemática e outros modos simbólicos (tais como gráficos, diagramas e tabelas) necessitam de contextualização. Essa prática dificulta a compreensão por parte dos alunos sobre o papel que diferentes linguagens representam na construção dos conceitos científicos.

É comum observarmos em aulas de Ciências propostas com base em temas do cotidiano, ou envolvendo atividades lúdicas, um salto brusco entre uma abordagem dita conceitual e a repentina transformação de linguagem coloquial em linguagem científica. O ensino realizado dessa forma acaba por possibilitar um abismo entre curiosidade e rigor investigativo, uma vez que cabe ao estudante, inicialmente motivado a participar, uma atitude passiva diante da coleção de conhecimentos apresentados a ele prontos e acabados. Assim, em vez de estimular o envolvimento dos estudantes com os temas científicos, esse ensino acaba por romper com suas curiosidades, tornando os alunos cada vez mais distantes e desmotivados.

Para Paulo Freire, a educação não deve visar a ruptura com a *curiosidade ingênua*, fundada na vivência cotidiana, em prol dos conhecimentos formais, mas sim sua superação. Para o pensador, é importante que a *curiosidade ingênua, desarmada* e associada ao saber do senso comum, seja criticada, tornando-se *curiosidade epistemológica* (Freire, 1996). Para tanto, é preciso criar condições a fim de que o cotidiano seja problematizado em sala de aula – para que novas questões sejam criadas e ferramentas para respondê-las sejam apresentadas e experimentadas. Abordar o ensino-aprendizagem de ciências dessa perspectiva envolve dar ênfase a processos de investigação e não a apenas conteúdos acabados.

A concepção de Ciência como forma de cultura, construída socialmente, levando-se em conta as questões e o emprego de ferramentas culturais e práticas específicas, que são sustentadas pelo compartilhamento de valores, muito pode colaborar nesse sentido.

> Uma vez que a Ciência envolve um processo de construção social de conhecimento, isto significa que os termos, os modelos e modos de ver o mundo aprovados pelos cientistas são produtos humanos – eles não são percebidos diretamente da natureza. Dar aos aprendizes acesso a estes "modos de ver", portanto, requer mais do que dar-lhes acesso a fenômenos. Significa induzir aprendizes no modo particular de representar o mundo usado pelos cientistas e socializá-los para adotarem as ferramentas culturais daquela cultura. (Driver e Newton, 1997, p. 13)

Para que a Ciência seja abordada desse ponto de vista em sala de aula, é preciso que os estudantes tenham oportunidades de contemplá-la como uma forma específica de ver o mundo que os cerca, assim como experimentar o uso de suas ferramentas para interagir com este mundo, conscientes de seu potencial e das consequências de sua utilização. Para que isso ocorra, é preciso criar condições favoráveis ao envolvimento dos estudantes no questionamento daquilo que parece natural e corriqueiro em sua vivência diária (Robilotta, 1985). Como mencionado anteriormente, é preciso que a *curiosidade ingênua* seja problematizada, aproximando-se cada vez mais de uma *curiosidade epistemológica* (Freire, 1996). Essa transição não acontece de forma abrupta, mas envolve um processo de instigar os educandos, trazer questões científicas para investigação, criar situações-problema cujas soluções envolvam um olhar científico sobre a realidade, assim como proporcionar elementos para que esse olhar seja construído.

Nesse sentido, podemos dizer que a problematização no ensino de Ciências visa construir um cenário (contexto) favorável à exploração de situações de uma perspectiva científica. Bachelard (1184-1962), cientista que, entre outros feitos, se dedicou à questão do ensino – aprendizagem de Ciências, destacava que o conhecimento científico se origina da busca de solução para problemas:

> Antes de tudo o mais, é preciso saber formular problemas. E seja o que for que digam, na vida científica, os problemas não se apresentam por si mesmos. É precisamente esse sentido do problema que dá a característica do genuíno espírito científico. Para um espírito científico, todo conhecimento é resposta a uma questão. Se não houve questão, não pode haver conhecimento científico. Nada ocorre por si mesmo. Nada é dado. Tudo é construído. (Bachelard, 1977, p. 148 apud Delizoicov, 2001)

Na afirmação de Bachelard, é importante destacar que "os problemas não se apresentam por si mesmos". É preciso que os professores proponham a seus alunos um olhar diferenciado às situações que costumam vivenciar no cotidiano.

A construção desse olhar envolve desde a apresentação de situações-problema, desafios, até o auxílio em sua interpretação. Muitas vezes, um enunciado que se configura, do ponto de vista do professor, como situação-problema a ser investigada, não é compreendido como tal do ponto de vista dos estudantes. Bachelard também chama a atenção para esse ponto quando afirma que sempre o "... surpreendeu o fato de que os professores de ciências, mais que os outros, não compreendam que não se possa compreender. Poucos são aqueles que aprofundam a psicologia do erro..." (Bachelard, 1977 apud Delizoicov, 2001). Aqui, mais uma vez, há destaque para a necessidade de *(des)naturalização* do mundo que nos cerca para que possamos considerá-lo cientificamente. Compreender cientificamente envolve buscar responder questões que não são dadas *a priori*, mas formuladas a partir de conhecimentos, valores, práticas e linguagens específicas e é preciso que sejam criadas condições para que os estudantes sejam inseridos nesse universo.

Para que estudantes possam conhecer novas questões e formas de pensar, ensaiando o uso de novas ferramentas de pensamento, é preciso que tenham oportunidades de errar, não atendo-se apenas a tentativas desprovidas de reflexão, mas, avaliando suas ações e formas de interpretação que levam a erros e acertos. Aqui, mais uma vez, a problematização aparece como um processo de transformação, de construção de um novo olhar sobre aquilo que, aparentemente, já nos é familiar, e não como o acesso a algo que já vem pronto.

No conto apresentado no início deste capítulo, Calvino já traz um universo recortado a partir de um arcabouço teórico, inserido em uma cultura científica. Na sala de aula, é preciso que o professor ajude os estudantes a fazer esse recorte. É necessário que suas curiosidades sejam guiadas para questões que não são dadas *a priori*, tomando o cuidado para que não se percam durante a busca de respostas. Para a discussão desse processo de construção, um exemplo prático de uma situação de problematização em sala de aula é apresentado a seguir.

A construção discursiva do problema na interação professor-aluno – o exemplo de uma atividade de conhecimento físico

Levando-se em conta as considerações anteriores, problematizar é formular problemas diferentes daqueles que os alunos estão acostumados a elaborar, de forma a proporcionar oportunidades para que novos conhecimentos sejam construídos. Não se trata de propor questões que possibilitem a aplicação de conceitos estudados anteriormente, mas de criar condições para a aprendizagem de novos conteúdos (Delizoicov, 2001).

Mas a formulação dessas questões não é trivial. Não basta ao professor apresentar um enunciado bem elaborado. É preciso que a situação-problema seja entendida como tal também pelo estudante. Para que isso seja possível, deve-se percorrer todo um processo de construção de significados, desde a apresentação de um problema inicial, que seja motivador, até a identificação de questões científicas envolvidas em sua solução e a identificação de ferramentas necessárias para investigá-las. Esse processo, como discutido anteriormente, envolve não somente a aplicação de ferramentas prontas, mas a inserção dos estudantes em um universo novo, o que depende muito das intervenções do professor.

Como apresentado no Capítulo 1, situações-problema podem ser apresentadas aos estudantes de diversas formas, desde problemas experimentais, com ações diretas dos estudantes sobre materiais ou na forma de demonstrações investigativas, até problemas envolvendo outros recursos, como o trabalho com figuras ou textos.

Para exemplificar uma forma de construção da problematização em sala de aula, neste capítulo, apresentaremos a descrição de uma aula que envolve a realização de um problema experimental – uma das atividades de conhecimento físico desenvolvidas por um grupo de pesquisadores do Laboratório de Pesquisa em Ensino de Física da (LaPEF) FEUSP.

As atividades de conhecimento físico propostas por Carvalho et al. (1998) são especialmente elaboradas para que os alunos tenham a oportunidade de resolver problemas de Ciências e tomar consciência das variáveis envolvidas nessa solução. Para que tal objetivo seja atingido, as atividades contam com algumas etapas, conforme descrito no Capítulo 1. Inicialmente o professor propõe um problema experimental que deve ser resolvido pelos alunos em pequenos grupos, de 4 a 5 crianças.

É importante notar que o problema inicial proposto aos alunos nessas atividades é de ordem prática. Em geral, envolve a produção de algum fenômeno de modo a alcançar um resultado desejado, como, por exemplo, determinar a posição de onde uma bolinha deve ser abandonada em uma rampa para que caia dentro de uma cestinha. Atividades destinadas ao ensino de Ciência nos primeiros anos do nível Fundamental são especialmente formuladas para que os estudantes possam controlar o fenômeno a ser estudado, produzindo-o quantas vezes julgarem necessário para sua compreensão, e também variando suas ações sobre os objetos envolvidos (Kamii e Devries, 1986). Além disso, uma de suas principais características é a visibilidade das variáveis, ou seja, os alunos têm a oportunidade de verificar o que provoca o fenômeno em questão.

Depois da resolução do problema via experimentação, é realizada uma discussão com toda a classe em que, inicialmente, é solicitado às crianças que contem como resolveram o problema e, posteriormente, por que aquela foi a melhor solução. Assim, elas têm a oportunidade de tomar consciência de suas ações, refletindo a respeito, até elaborar, em alguns casos, explicações causais para o fenômeno estudado. Tais atividades, portanto, envolvem a criação de um ambiente propício para que as crianças apresentem suas ideias visando a elaboração de explicações e, para tanto, é fundamental a participação do professor.

A metodologia de ensino adotada nas atividades de conhecimento físico desenvolvidas no LaPEF exemplifica bem a ideia de problematização defendida neste capítulo. Em um primeiro momento, as crianças resolvem um problema prático, cuja solução é desconhecida. A resolução desse problema envolve ações sobre objetos para conhecê-los e para obter efeitos desejados. Nessa etapa, ainda que, a partir de suas ações, as crianças já comecem a obter informações sobre os objetos e sobre os fenômenos nos quais estão envolvidos, nem sempre há uma problematização para buscar explicações formais para o que acontece. É preciso que o professor ajude as crianças, na fase de discussão sobre o experimento realizado, a *recortar* a realidade em busca das informações necessárias para a explicação do fenômeno.

O problema da pressão

Os episódios analisados neste capítulo compreendem as etapas de uma atividade de conhecimento físico, realizada em uma escola estadual da cidade de São Paulo, com alunos do primeiro ciclo do Ensino Fundamental, antiga segunda série, ministrada pela professora responsável pelo grupo.

A atividade realizada nessa aula foi baseada na observação da variação do alcance de um jato em função da altura de uma coluna de água. Para tanto, os alunos receberam o aparato experimental mostrado na Figura 1, extraída de Locatelli (2006), composto pelos materiais descritos a seguir: uma bacia com água; um tubo de plástico transparente, com um pequeno orifício próximo à base, pelo qual deveria sair água; dois copos de plástico e um pequeno pote, com um orifício na base.

O problema proposto foi que os alunos mantivessem o pequeno pote sempre cheio de água. Porém só era permitido acrescentar água no tubo de plástico transparente. Vejamos como a professora iniciou essa problematização:

3. *P: Hoje nós vamos fazer um experimento que (...) primeiro eu vou mostrar pra vocês o nosso material que vocês vão trabalhar (...) aqui nós temos uma bacia (1) (...) um suporte (2) ... um tubo maior (3) (...) aqui tem um orifício (4) e um potinho menor (...) preso à bacia (5) e três copos e também um paninho que nós vamos trabalhar com água.*

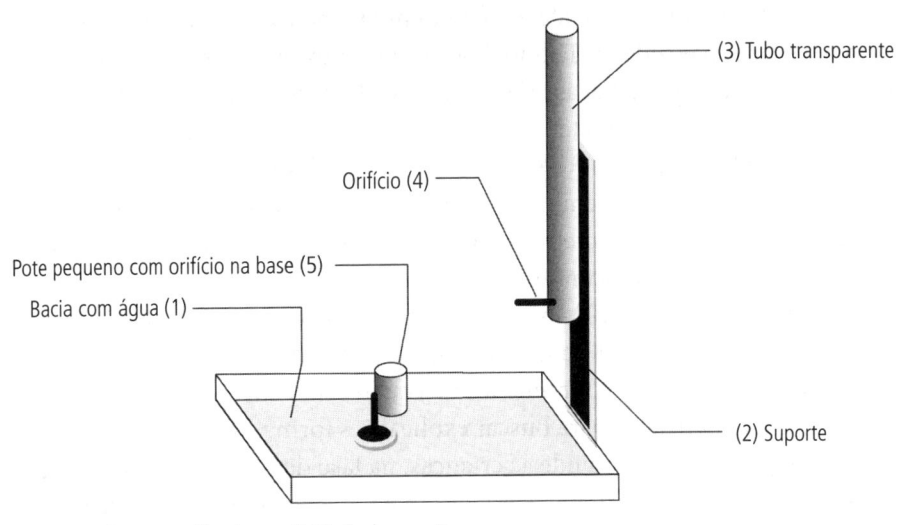

Figura 1 – Aparato utilizado na atividade da pressão.

Labels: (1) Bacia com água; (2) Suporte; (3) Tubo transparente; (4) Orifício; (5) Pote pequeno com orifício na base.

4. P: Bom (...) qual é o problema que vocês devem resolver? Vocês devem deixar este potinho aqui de água ... este potinho aqui pequeno [indica o potinho] sempre cheio de água ... mas vocês só podem jogar água neste maior aqui [indica o maior] (...) neste tubo aqui ... tá entendido? Então vejam ... a gente vai ter que deixar este potinho aqui ... que é menorzinho sempre cheio de água e só enchê-lo a partir deste daqui (2) (...) bom (...) vocês vão receber o copo para poder estar fazendo isso (...) né (...) e vocês não vão poder mexer na posição deste potinho menor e depois que vocês já tiverem resolvido nesta condição o problema (...) eu vou passar nos grupos mudando (...) tá (...) então (...) vocês podem mexer ... tá bom? Então eu vou deixar cada grupinho no seu lugar e podem já começar o trabalho.

Apresentado o problema, os alunos reúnem-se em pequenos grupos para resolvê-lo. É importante observar, nesta etapa inicial, o papel da professora em explicar claramente as regras do problema apresentado. Outro ponto importante é que esse problema é de ordem prática. Não há na fala da professora uma linguagem de cunho científico ou a especificação de alguma questão que precise ser investigada. Nesse momento, as crianças são convidadas a explorar os materiais apresentados, obedecendo algumas regras que, como veremos adiante, vão ajudar a estabelecer o foco da investigação que se vai construir.

As transcrições aqui apresentadas compreendem as ações desenvolvidas por um dos grupos, durante o experimento, e a discussão realizada com a turma toda, na etapa seguinte da atividade.

Logo que recebem o material, as crianças começam a jogar água no tubo grande, conforme a regra do jogo, e observar o que acontece com o jato de água. Já nesse início de exploração dos materiais, um aluno experimenta tampar o tubo maior e todos observam que a água para de sair pelo orifício. Na sequência, os alunos observam o aparato – enquanto o nível de água está alto no interior do tubo grande, o jato de água ultrapassa a posição em que se encontra o potinho. Conforme esse nível vai caindo, o jato aproxima-se do potinho, mas, antes que este acerte o alvo, o aluno A3 ameaça colocar mais água, sendo impedido por A2.

5. A2: Ó (...) agora tem que esperar ele entrar (...) tem que esperar ele entrar ... assim (...) ó (...)[somente após o potinho pequeno ser alcançado e o nível de água no pote grande baixar mais um pouco é que aluno A2 acrescenta mais água]
6. A1: Calma aí.
7. A2: Agora espera.
8. A3: Ele falou que pode ir. [refere-se ao aluno A4]
9. A2: Vai. [o aluno A3 coloca mais água]
10. A1: Muito fácil (...) já fizemos.
11. A2: O outro grupo já conseguiu.
12. A1: Primeiro do que a gente, não.

A seguir, após encontrar a solução do problema, o grupo segue explorando os materiais, ora acrescenta água no tubo grande, ora tampa esse tubo e interrompe o jato. Até que a professora se aproxima e muda a configuração dos objetos, aproximando o potinho pequeno do tubo grande. A partir dessa intervenção, A1 retoma os testes e coloca água no tubo maior, enquanto os demais observam com grande expectativa.

Na sequência, todos querem participar, reproduzindo as ações já observadas. A professora muda novamente a configuração do material e afasta o potinho pequeno do tubo e, mais uma vez, os alunos retomam suas ações sobre o material.

30. A1: Mais fácil ainda professora.
31. A4: Vai ter que pôr mais água aqui [tubo grande] ...tem que encher o copo todo aqui.
32. A1: Põe aqui. [todos os alunos ajudam a encher, mas não conseguem alcançar o potinho. Aluno A1 muda o potinho de posição, aproximando-o do tubo]
33. A5 [de outro grupo]: Também ... vocês estão tirando do lugar.

34. A1: *É que aqui não dá ... professora* [os alunos mantêm o tubo grande cheio até o topo, colocando água sem parar, mostrando à professora a impossibilidade de acertar o tubinho pequeno na distância proposta.]
35. A1: *Se fosse maior ... aí dava.* [a professora sorri e aproxima o potinho]

Durante a solução experimental do problema, observa-se que os alunos se dirigem à manipulação dos materiais e obtenção dos efeitos desejados. Os alunos percebem que há uma relação entre a quantidade de água no tubo grande e o alcance do jato de água (turnos 31 e 35), porém explicitar essa relação de modo a explicar, utilizando uma linguagem estruturada nos moldes de um argumento científico, não é o que está em foco neste momento da aula.

Depois da solução do problema experimental proposto, a professora inicia uma fase de reflexão sobre o procedimento e solicita aos alunos que exponham como resolveram o problema:

47. P: *Vocês fizeram o trabalho, a experiência. Agora eu quero saber como é que vocês conseguiram sempre deixar o potinho pequeno com água, apenas jogando água no tubo grande? Como é que vocês conseguiram fazer isto? Então vejam: eu gostaria que todos falassem, eu vou ouvir todos. Só que a gente vai ter que ter o quê? Paciência. Pra ouvir o colega, prestar atenção no que o colega está dizendo, depois dar a sua ideia, a gente vai estar ouvindo a ideia de todo mundo, tá bom? Então, vamos lá. Quem é que gostaria de começar? A8.*
48. P: *A8, como é que você fez?* [aluno não fala] *Então vamos lá A5.*
49. A5: *A gente pegou os copos (...) Assim quando saísse água pelo tubinho, a gente colocava pra encher. Quando diminuía a gente colocava, aí enchia o copinho, o negocinho, depois saía de novo. Aí, depois o A6 foi lá, encheu do copo dele quando o A17 colocava água pra poder encher o copo. Depois o A6 jogou, foi no tubinho, depois fui eu, aí foi o A17 colocou água pra mim ... é no tubinho pra mim, é (...) e depois eu joguei.*
50. P: *Muito bem. E você A6, como é que você fez?*
51. A6: *Bom, a gente catou, a gente foi enchendo, né. Aí, aí <u>a gente via que não dava pra encher quando chegava no 100 ml</u>. Aí, aí <u>quando a gente viu que quando chegava no 90 enchia o tubinho pequeno.</u>*
52. P: *Ah, então você usou (...) Do tubo grande você usou então o quê? Uma (...) medida que tinha lá?*
53. A6: *É, medida.* [juntamente com outros alunos]
54. P: *Ã-hã. E agora, quem é que vai? A8? A7? A7 vai falar.*

55. A7: É que quando enche vai baixando [inaudível] ...
56. A7: <u>Quando enche até a boca vai fazendo mais **força** pra entrar no copinho que tá mais longe do tubo mais grande.</u> E (...) aí (...) não pode encher tudo porque o (...) o canudinho que tem no (...) tubo grande tá, tá em cima é (...) do (...) do primeiro negócio lá. Daí não podia, não podia mais (...) é (<u>...) não podia mais encher porque tinha água sobrando no tubo.</u>
57. A8: É, às vezes, tinha (...) <u>Não era sempre da medida que nem o A6 falou. Tinha (...) Às vezes a água tava sem **pressão**, a gente colocava na mesma medida não caía lá. A gente tinha que jogar água direto pra fazer **pressão**</u>
58. P: Olha, vocês estão ouvindo o que a A8 falou? Eu vou (...) Só que eu acho que tem gente que não tá ouvindo muito bem, tá atrapalhando os coleguinhas. A A8 falou uma coisa que eu queria que vocês (...) A8 você falou da fala do A6?
59. A8: Que <u>num podia sempre colocar na medida porque, às vezes tava sem **pressão** no meio do tubo, aí jogava até na mesma medida, só que não caía dentro do tubinho, tinha que fazer bastante **pressão**, tinha que jogar água direto.</u>
60. P: Tinha que fazer bastante pressão (...)

É possível observar, nesse momento, que a professora sinaliza para os alunos que é preciso retomar todas as ações realizadas durante o experimento. É essa retomada que vai proporcionar elementos para que possam começar a identificar regularidades em suas ações e, assim, discriminar quais são importantes para a produção do fenômeno e quais podem ser descartadas. Para que essa construção seja feita pelas crianças, é fundamental o compartilhamento de experiências e, quanto mais alunos descreverem suas tentativas, mais rica será a discussão.

No turno 49, A5 descreve como realizou a experiência, o que indica uma grande cooperação entre os componentes de seu grupo. Essa descrição é rica em detalhes sobre quem realizou cada ação e de que forma o tubo grande era mantido cheio. Nem todos os detalhes mencionados são relevantes para a explicação física do fenômeno estudado, mas, como afirmado no parágrafo anterior, é essa riqueza de detalhes que, quando comparada às descrições dos demais colegas, vai possibilitar a identificação das variáveis relevantes para a solução do problema.

No turno 51, A6 cita um dado empírico que julga importante na solução do problema proposto. O aluno 7 apresenta a primeira afirmação com justificativa, relacionando a quantidade de água com o alcance do jato. Apesar de sua fala ser um pouco confusa, A7 busca uma justificativa para o mesmo fato observado por A6, sem citá-lo explicitamente, atribuindo o conceito de *força* em sua explicação. Parece haver uma concordância sobre a importância do controle do nível de água para a solução do problema. Nesse momento, começamos a observar indícios de uma mudança na forma de descrição do fenômeno, detalhes sobre quem encheu de água o tubo grande começam a ser descartados, e as variáveis relevantes para a análise física do fenômeno começam a ser identificadas. Embora as informações estritamente relacionadas com o problema em questão comecem a ganhar destaque, ainda é cedo para abandonar as descrições detalhadas que outros alunos podem vir a fazer. É preciso que haja espaço para que todos passem por esse processo de transformação da forma de descrever o fenômeno.

Outro aspecto importante desta sequência é que dois conceitos físicos foram citados pelos alunos logo no início da discussão. Apesar de os significados dos conceitos de força e de pressão apresentados não estarem definidos e, provavelmente, serem diferentes dos considerados na Física, o aparecimento de tais palavras sugere o esforço dos alunos em buscar uma explicação para o fenômeno estudado e a necessidade de transformação na forma de descrever o que foi vivenciado, destacando os atributos dos entes envolvidos relacionados com a solução do problema. Essa atribuição de grandezas físicas à realidade é característica do final da fase de discussão desse tipo de atividade. Embora não haja uma regra de comportamento, nas aulas de conhecimento físico os alunos costumam seguir certa sequência de atitudes guiadas pelo professor, passando lentamente de uma fase de descrição detalhada de suas ações para outra de elaboração de explicações causais. Mais uma vez, é importante destacar que ainda é cedo para mudar o foco da discussão de uma descrição do que foi feito para uma explicação do porquê determinadas ações levaram à solução e outras não. Por esse motivo, nesse momento da aula, as intervenções da professora são voltadas mais para o incentivo à apresentação de ideias por parte dos alunos e o aprimoramento de suas descrições que para o questionamento da adequação ou não dos termos por eles utilizados.

64. *P: Quem mais quer falar como é que fez? A9?*
65. *A9: A gente fez assim, é (...) cada hora um de nós ia jogando um pouquinho de água e quando tava numa distância maior do ... da medida, daquele tubinho e jogava, jogava mais água com maior ... com maior é ... mais rápido a água, e quando tava mais perto jogava mais devagar, e jogava menos água.*
66. *P: No tubo grande?* [a aluna confirma]
67. *P: Ã-hã ... Acabou A9? E olha só, o que é que aconteceu ... Vocês me contaram que foram fazendo a experiência ... vocês foram colocando água no potinho*

próximo ao tubo maior (...) depois um pouco mais distante e (...) e agora quem é que gostaria de lembrar de um momento que não conseguiu colocar água no potinho? Por mais que tentasse ele não conseguia ficar cheio (...) você A1?

68. A1: Quando um ficava daquele lado e o outro deste. [Configuração em que os tubos estavam na maior distância possível]
69. P: O pote e o tubo maior?
70. A1: (...) bem aqui na ponta da vasilha, o outro bem aqui. Aí a gente jogava água até a ponta do tubinho, só que batia no tubinho pequeno daqui, não entrava.
71. P: Não conseguiu entrar, e vocês tentaram, né? O quê vocês tentaram, que eu vi vocês fazendo? O quê que vocês tentaram fazer?
72. A2: Nós colocamos água no tubinho branco (...) nós fizemos isto (...).
73. P: Como é que vocês fizeram pra aumentar?
74. A1: A gente tentou colocando as mãos assim [uma em cima da outra formando um tubo], só que não deu. Aí o A12, ele teve a ideia de levantar o tubo. Aí a gente levantou o tubo e chegou lá.
75. P: Ah, vocês levantaram o suporte e tudo, e a água conseguiu (...).
76. A1: Não, sem o suporte, só levantamos o tubinho e ficamos segurando. Daí jogava água e (...)
77. P: Chegava com muita força? (...) Como é que é? Vocês repararam como é que chegava? Chegava mais rápido? Demorava pra chegar a água?
78. A1: Demorava um pouquinho.
79. A3: Muita água no tubo maior.
80. P: Explica melhor A3 pra seus amigos.
81. A3: É que tinha a ver com o nível da água do tubo maior pra ver se chegava ou ultrapassava o menorzinho.
82. P: Ahn. E o que é o nível que você tá contando?
83. A3: É o ... É aqueles números que têm no tubo maior.
84. P: Ah, tá. Então, é mais ou menos o que A6 lembrou. Muito bom. E agora, quem vai?

Na sequência anterior, a relação entre nível de água e distância atingida continua sendo apontada pelos alunos. No turno 65, a aluna A9 apresenta mais um dado empírico exemplificando essa relação. No turno 67, a professora coloca uma nova questão, procurando retomar algumas atitudes dos alunos durante a realização da parte experimental que evidenciam que estes já estavam trabalhando com tal hipótese. A aluna A1 descreve a tentativa de seu grupo de aumentar a altura do tubo para que com maior nível de água o alcance do jato fosse maior. Os alunos desse grupo estabeleceram outra relação com base nessa hipótese, imaginando que se levantassem o tubo, em vez de aumentar a altura da coluna de água, o alcance também aumentaria, o que realmente foi constatado. Porém, ao levantar o tubo, os alunos associaram as evidências de um fenômeno com a hipótese de outro. A professora procurou inserir a variável tempo na discussão, talvez para mostrar aos alunos a diferença entre os dois fenômenos, porém não foi levado adiante. No turno 81, o aluno A3 apresenta pela primeira vez uma afirmação clara sobre essa relação.

A cooperação nos grupos continua a ser citada pelos alunos (turnos 65, 72, 74 e 76). A professora procura respeitar o tempo de fala das crianças (turno 69) e estabelecer relações entre as diferentes afirmações, assim como complementá-las. Dessa forma, à medida que o tempo passa, novos dados empíricos são acrescentados à discussão, os alunos vão fornecendo justificativas em apoio às explicações apresentadas e regularidades são observadas. A postura da professora diante das diferentes ideias é de aceitação e incentivo à participação.

85. *A4*: *É sobre o que a gente ia fazer, não era a água que sai com força, era o ar que entrava dentro do tubo, empurrava pra baixo e que ia pro outro potinho.*
86. *P*: *Isso! Vocês ouviram? (...) O A4 (...) Acho que o A4 (...).*
87. *A4*: *E se tapasse em cima não, não caía mais água.*
88. *P*: *Isso. O A4 começou a entrar numa pergunta que eu vou fazer agora. (...) A4, você vai repetir isso em cima da minha pergunta, tá bom? (...) Olha só, por que é, então, A4; por que é, então, segunda série, que vocês conseguiam deixar, jogando água no tubo maior, no tubo transparente, vocês conseguiam sempre deixar o potinho cheio de água? Por que é que vocês conseguiam fazer isso?*
89. *A12*: *Porque (...)*
90. *P*: *Por que? Vamos só começar pelo A4, que o A4 começou a falar. Vamos agora explicar o porquê que vocês conseguiram.*
91. *A4*: *É (...) é que (...) quando o copinho tava longe a gente tapava assim, soltava, tapava de novo, soltava, tapava, que ia aos pouquinhos acertando no (...) no outro.*
92. *P*: *Certo. Então (...) Tá certo (...) Vamos ver a A8, então. Por que é, A8, que você conseguia?*

93. A8: A gente conseguia porque a gente tava sempre colocando água. Se a (...) quando uma vez esvaziou tudo o pote a gente perdeu a pressão da água, e a gente atrasou porque a gente tava querendo encher o copo pra ir colocando e a gente não tava conseguindo, a água tava baixando cada vez mais. Aí a gente teve que começar acelerar pra até transbordar. Aí quando a gente colocou num canto e o outro no outro a gente teve que bater um pouco a mão e às vezes transbordava o tubo (...) do (...)

94. P: Tá certo A8 (...) E você A6, por quê?

95. A6: Eu vou falar um pouco diferente professora.

96. P: Ahn.

97. A6: É por causa que (...) Se a gente tapar a ponta do tubo a água não vai sair porque não entra ar lá dentro pra ela poder sair. Então, se a gente deixar a (...) assim aberto, o ar, ele entra e se mistura com a água pra ela poder sair da, do tubo.

98. P: Estão vendo o que o A6 falou? Muito bem A6 (...) Espera um pouquinho. Calma. Ó A6, o A2 vai continuar a sua ideia.

99. A2: O ar, ele se mistura com a água e dá mais pressão pra água sair, porque se tampasse não ia entrar ar e não ia sair a água, por causa que ela ia estar sem pressão.

Nos turnos 85 e 87, o aluno A4 acrescenta uma nova variável à discussão, a presença de ar, apresentando um dado empírico que justifica sua conclusão. A partir daí, outros colegas começam a fornecer justificativas em apoio, enquanto ideias já discutidas também continuam a ser defendidas. No turno 93, a aluna A8 continua defendendo sua ideia sobre a necessidade de uma pressão para que o jato chegue ao alvo. O aluno A2 incorpora em sua explicação tanto a fala de A4 quanto a fala de A6, justificando a saída da água através da presença do ar e também de uma "pressão". É importante observar que os alunos apresentam o conceito de pressão de formas variadas, o aluno A2, por exemplo, cita a pressão como o resultado de uma mistura entre ar e água, que talvez esteja relacionado às suas observações cotidianas da presença de gases nas garrafas de refrigerante. Como já afirmado anteriormente, os conceitos são empregados espontaneamente pelos alunos na busca de uma explicação para o problema, porém não há uma especificação detalhada de seus significados, que por não terem sido estudados antes da discussão costumam diferir dos considerados na Física.

Até aqui, há uma grande aceitação das diferentes ideias dos alunos por parte da professora. Além disso, a cooperação entre as crianças continua a ser incentivada para a formulação de argumentos (turno 98). Quando a professora muda o tipo de questão, passando de uma requisição de como os alunos resolveram para o porquê das soluções apresentadas, espera-se que esses caminhem para a elaboração de uma explicação causal. Nesse momento, tem-se a expectativa de que a forma de descrever o fenômeno seja menos carregada de detalhes sobre quem fez e como fez, mas atenha-se mais às variáveis envolvidas e as relações entre elas.

109. P: *Olha só vocês falaram pra mim, por que que a água chegava, a gente conseguia fazer em certo nível, a gente conseguia fazer ela chegar no pote e deixar ele sempre cheio, como é que gente conseguia isto? Você já falou, como é que a gente conseguia?* [gesticula e indica o nível de água], *deixando sempre no mesmo* [idem]*? No mesmo* [idem]*?*

110. A10: *Nível.*

111. P: *Mesmo nível, muito bem. Por que que acontece isso? Por quê?*

112. A10: *Por causa da pressão.*

113. P: *E como é que você via essa pressão? Quando ela era maior? Quando era menor?*

114. A11: *Pelo nível de água.*

115. P: *Pelo nível da água. Vamos ver o aluno A16.*

116. A16: *Tô com vergonha.*

117. P: *A daí ficou com vergonha. O que que você ia falar pra mim?*

118. A16: *Eu falei que quando a água ia em uma distância menor ia maior.*

119. P: *Quando a água ia numa distância maior o que que tinha que fazer?*

120. A16: *Esperava um pouquinho até passar e coloca mais.*

121. P: *Colocava (...) mas você tinha que colocar mais água ou menos água? Pra ir em uma distância maior, quando o potinho estava mais longe?*

122. A16: *Mais água.*

Nessa etapa da discussão, observa-se claramente uma mudança na linguagem dos alunos e da professora, as afirmações são focadas nas variáveis envolvidas no fenômeno e na identificação de relações entre elas. As intervenções da professora deixam de visar o relato das ações dos alunos e passam a visar uma sistematização das ideias discutidas.

Esse exemplo nos mostra como a problematização não pode ser reduzida apenas à apresentação de um enunciado instigante para os alunos. A problematização compreende um processo de aproximações sucessivas a determinado fenômeno. Nesse exemplo, com base em um problema de ordem prática e da recorrente revisão das ações manipulativas dos alunos envolvidas em sua solução, uma questão científica foi sendo construída. Partindo do princípio de que todos os alunos trabalharam com o mesmo fenômeno físico, o relato de cada um representou um registro da situação sob investigação e a sobreposição de todos esses registros possibilitou a identificação dos elementos relevantes para a construção de uma explicação científica para o fenômeno em questão. É evidente que o grau de abstração a que chegaram os alunos não corresponde àquele apresentado no trecho do conto de Calvino com o qual se iniciou este capítulo e não é esse o objetivo da educação científica nesse nível de ensino, mas é notável que os alunos caminharam em direção ao universo da ciência.

A atribuição de conceitos nas explicações, logo no início da discussão, já denunciava o empenho dos alunos em buscar justificativas. Inicialmente, vários aspectos do problema estudado foram apresentados de forma isolada, em uma espécie de conversação cumulativa. No transcorrer da discussão, tais aspectos, que não eram competitivos, mas complementares, foram incorporados nas falas de diferentes alunos, havendo pequenas sínteses.

Considerações finais

Considerando que a Ciência apresenta linguagem própria e uma forma particular de ver o mundo, construída e validada socialmente, é preciso que situações que possibilitem ao estudante familiarizar-se com suas práticas sejam criadas e, portanto, a problematização deve ser entendida como um processo de envolvimento dos estudantes na identificação de novas questões. Processo, este, construído discursivamente com a ajuda do professor.

Ao falar sobre determinado fenômeno, procurando explicá-lo para os colegas e o professor, discutindo e considerando diferentes pontos de vista, o aluno tem a oportunidade de familiarizar-se com o uso de uma linguagem que carrega consigo características da cultura científica (Driver, Newton e Osborne, 2000). Aprender Ciências é também apropriar-se dessa nova linguagem e é por meio do espaço para falar que essa apropriação se torna possível – "aprendemos a falar aprendendo a estruturar enunciados" (Bakhtin, 1979).

O incentivo à participação dos alunos em discussões sobre os temas a serem estudados em aula e os trabalhos em grupos envolvem dimensões importantes na formação geral dos estudantes, tais como o aprendizado de uma convivência cooperativa com os colegas, o respeito às diferentes formas de pensar, o cuidado na avaliação de uma afirmação e a autoconfiança para a defesa de pontos de vista.

A construção da problematização em sala de aula, portanto, não se limita à elaboração de um enunciado bem estruturado, que instigue a curiosidade dos estudantes. É preciso que, a partir de uma questão inicial, os estudantes sejam conduzidos à tomada de consciência de suas ações e que o professor os ajude nesse processo. A questão científica que o professor deseja explorar não precisa ser apresentada desde o início da problematização, mas construída aos poucos por meio de suas intervenções e das contribuições dos alunos.

Dessa forma, a fase de discussão, após a realização de uma atividade prática, é essencial para que as ações realizadas pelos alunos possam ser retomadas e analisadas por eles. Nesse ponto, o professor como representante da cultura científica tem um papel fundamental em direcionar o olhar dos alunos para os aspectos mais relevantes do fenômeno estudado e para uma reflexão sobre cada ação efetuada sobre os materiais oferecidos. Assim, a entrada no mundo da Ciência dá-se por meio das interações estabelecidas no plano sociocultural da sala de aula, guiadas por um representante experiente daquela cultura e, portanto, grande atenção deve ser dada ao espaço para a participação dos alunos e às intervenções da professora.

Intervenções da professora como o incentivo a uma atitude de cooperação entre os alunos, solicitando que ouçam os colegas, o respeito ao tempo de resposta de cada um, o estabelecimento de relações entre afirmações semelhantes, a retomada de ações realizadas pelos alunos na fase experimental e a reelaboração de questões, entre outros, contribuem para tal processo.

Por fim, o ensino de Ciências, pautado na problematização da realidade como construção de um olhar diferenciado sobre o cotidiano, por meio da troca de ideias entre os alunos e da elaboração de explicações coletivas, além de possibilitar o contato destes com as ferramentas científicas e a identificação de seus potenciais, deve voltar-se também para a apreciação da Ciência como construção humana. Nesse sentido, não podemos deixar de apreciar a beleza da narrativa científica na arte de Ítalo Calvino apresentada no início deste capítulo.

Referências bibliográficas

BACHELARD, G. *Ensaios sobre o conhecimento aproximado*. Rio de Janeiro: Contraponto, 2004.

BAKHTIN, M. [1979] *Estética da criação verbal*. São Paulo: Martins Fontes, 1997.

CALVINO, I. *Todas as cosmicômicas*. Trad. Ivo Barroso e Roberta Barni. São Paulo: Companhia das Letras, 2007, p. 225.

CANDELA, A. El Discurso argumentativo de la Ciencia en el aula. Encontro sobre Teoria e Pesquisa em Ensino de Ciências. *Anais...* Belo Horizonte, Brasil, 1997.

CARVALHO, A. M. P. de et al. *Conhecimento físico no Ensino Fundamental.* São Paulo: Scipione, 1998.

DELIZOICOV, D. Problemas e problematizações. In: PIETROCOLA, M. (Org.). *Ensino de Física:* Conteúdo, metodologia e epistemologia numa concepção integradora. Florianópolis: Editora da UFSC, 2001.

DRIVER, R.; NEWTON, P.; OSBORNE, J. *Establishing the norms of scientific argumentation in classrooms.* Science Education, v. 84, n. 3, p.287-312, 2000.

FREIRE, P. *Pedagogia da autonomia:* Saberes necessários à prática educativa. São Paulo: Paz e Terra, 1996.

KAMII, C.; DEVRIES, R. *O conhecimento físico na educação pré-escolar:* Implicações da teoria de Piaget. Porto Alegre: Artes Médicas, 1986.

LEMKE, J. Teaching all the languages of Science: words, symbols, images and actions. Disponível em: <http://academic.brooklyn.cuny.edu/education/jlemke/sci-ed.htm>. Acesso em: fev. 2003.

LOCATELLI, R. J. *Uma análise do raciocínio utilizado pelos alunos ao resolverem os problemas propostos nas atividades de conhecimento físico.* São Paulo, 2006. Dissertação (Mestrado) – Instituto de Física, ao Instituto de Química, ao Instituto de Biociências e a Faculdade de Educação, Universidade de São Paulo.

ROBILOTTA, M. R. *Construção e realidade no ensino de física.* Notas de aula, 1985.

ZANETIC, J. Literatura e cultura científica. In: ALMEIDA, M. J. P. M.; SILVA, H. C. (Orgs.) *Linguagens, leituras e ensino de ciências.* Campinas: Associação de Leitura do Brasil – ALB, 1998. p. 14.

3
Interações discursivas e investigação em sala de aula: o papel do professor

Lúcia Helena Sasseron

Diretrizes nacionais e internacionais apontam, desde mais de duas décadas, a necessidade de que o ensino das Ciências considere o crescente impacto das evoluções científicas e tecnológicas e abordem em sala de aula temas mais próximos à realidade dos estudantes (Millar e Osborne, 1998, Osborne, Duschl e Fairbrother, 2002, Gil-Pérez et al., 2005, Olson e Loucks-Horsley, 2000). Uma leitura irrefletida sobre esses pressupostos pode nos remeter a um planejamento que privilegie as abordagens dos equipamentos tecnológicos mais modernos, mostrando aos alunos como eles se constituem e como funcionam. Mas pensar assim nos levaria rapidamente a uma conclusão contraditória: planejar e implementar aulas para que os alunos saibam sobre tecnologias de ponta resultaria em, ao término de um ou dois anos (ou até em menos tempo), ter ensinado aos alunos ideias obsoletas. Devemo-nos, portanto, fazer a seguinte pergunta: em face de tantas informações, provenientes de fontes distintas (confiáveis ou não tanto), o que a escola precisa ensinar aos alunos?

Há não muito tempo, a escola era tida como o espaço privilegiado de divulgação de conhecimento. A cultura escolar, bem delimitada, influenciava a abordagem de conteúdos em qualquer disciplina. Hoje, não apenas a cultura escolar influencia a abordagem de conteúdos, mas também, e sobretudo, a cultura daqueles que estão na sala de aula influencia a cultura escolar e a abordagem de conteúdos.

As relações entre a escola e a sociedade já se tornaram mais estreitas, mas estariam ocorrendo na abordagem dos conteúdos? E quais os conteúdos a escola, como parte significativa da sociedade, deveria fornecer aos estudantes?

Trata-se, pois, de pensar não apenas em quais conteúdos serão trabalhados em sala de aula, mas também em como serão abordados. É necessário cuidado ao se considerar: ao falar em estratégias, não estamos desprivilegiando o conteúdo a ser trabalhado em sala de aula. Ambos são relevantes e têm sua importância validada pelo modo como são trabalhados em sala de aula, e as relações que podem proporcionar aos alunos a fim de que utilizem o que aprenderam na escola em outras condições e, também, tragam para a escola considerações advindas de experiências anteriores.

Quando falamos em aulas de Ciências, atingir tais objetivos necessita do planejamento e da implementação de um ensino capaz de fazer os alunos compreenderem os conhecimentos científicos à sua volta, os adventos tecnológicos e saber tomar decisões sobre questões ligadas às consequências que as ciências e as tecnologias implicam para a sua vida, da sociedade e para o meio ambiente (Sasseron, 2008; Sasseron e Carvalho, 2008). Essas considerações pautam o ensino de ciências cujo objetivo seja a alfabetização científica dos estudantes.

Concebemos a alfabetização científica como um processo em constante desenvolvimento; um processo que permite aos alunos discutir temas das Ciências e o modo como estes estão presentes e influenciam sua vida e a da sociedade, além de poder trazer consequências ao meio ambiente. Por ser um processo, a maneira como as ideias são trabalhadas em aulas que visam à Alfabetização Científica é muito importante e, em nosso entender, deve estar ligado a características próprias do fazer científico (Carvalho, 1998).

Para tal fim, as ciências abordadas em sala de aula precisam ser mais que uma lista de conteúdos disciplinares e devem permitir também o envolvimento dos alunos com características próprias do fazer da comunidade científica; entre elas: a investigação, as interações discursivas e a divulgação de ideias.

Um olhar sobre estas características da comunidade científica

Bem sabemos que pode ser possível fazer listas muito mais extensas de características da comunidade científica. No entanto, para organizar nossa discussão sobre a sala de aula, daremos atenção às três delas mencionadas anteriormente.

Investigação

No dicionário, a palavra "investigação" aparece como sinônimo de pesquisa, de busca. Neste momento podemos começar a pensar no que seja a investigação científica.

Esta sim é uma pesquisa, uma busca, mas, como muitas das experiências que temos em nossa vida, o mais importante da investigação não é seu fim, mas o caminho trilhado.

Uma investigação científica pode ocorrer de maneiras distintas e, certamente, o modo como ocorre está ligado às condições disponibilizadas e às especificidades do que se investiga, mas é possível dizer que toda investigação científica envolve um problema, o trabalho com dados, informações e conhecimentos já existentes, o levantamento e o teste de hipóteses, o reconhecimento de variáveis e o controle destas, o estabelecimento de relações entre as informações e a construção de uma explicação.

Em sala de aula, essas mesmas etapas podem ser trilhadas. E isso pode ocorrer em qualquer tipo de atividade que se realize, não estando condicionada a acontecer somente em aulas experimentais. Assim, a leitura de um texto pode ser uma atividade investigativa tanto quanto um experimento de laboratório. Não importa a forma de atividade que venha a aparecer: o essencial é que haja um problema a ser resolvido; e as condições para resolvê-lo são muito importantes, havendo necessidade de se atentar para que se façam presentes.

Em uma investigação, diversas interações ocorrem simultaneamente: interações entre pessoas, interações entre pessoas e conhecimentos prévios, interações entre pessoas e objetos. Todas são importantes, pois são elas que trazem as condições para o desenvolvimento do trabalho.

Pensando na sala de aula, o planejamento de uma investigação deve levar em consideração os materiais oferecidos e/ou solicitados aos alunos, os conhecimentos prévios importantes para que a discussão ocorra, os problemas que nortearão a investigação e, é claro, o gerenciamento da aula que, inclui, sobretudo, o incentivo a participação dos alunos nas atividades e discussões.

Interações discursivas

É por meio do debate entre os pares que, muitas vezes, os conhecimentos científicos são organizados. Ocasiões como as que se passam em conversas entre pares e reuniões científicas são momentos ímpares no que diz respeito à troca de ideias e fundamentação do que se pretende enunciar.

Em sala de aula, esses debates – ou como preferimos chamar –, essas interações discursivas devem ser promovidas pelo professor e cuidados precisam ser tomados para que o debate não se transforme em uma conversa banal. O objetivo da atividade precisa, portanto, estar muito claro para o professor, de modo que ele faça perguntas, proponha problemas e questione comentários e informações trazidos pelos estudantes tendo como intuito o trabalho investigativo com o tema da aula. A resposta dos alunos pode vir em palavras faladas, mas, em alguns casos, na ausência delas, gestos auxiliam na expressão das ideias.

Promover interações discursivas não é tarefa fácil, pois demanda saber perguntar e saber ouvir. Boas perguntas dependem tanto do conhecimento sobre o tema abordado quanto da atenção ao que os alunos dizem: muitas das informações trazidas por eles precisam ser exploradas, seja colocando-as em evidência, seja confrontando a ideia exposta, ou mesmo solicitando o aprofundamento do que já foi dito.

Fazer perguntas e não estar atento ao que o aluno diz é similar a um discurso monológico: a participação dos alunos resulta em responder sem que o que foi por eles expresso seja aproveitado de algum modo e, no final, o que terá importância será apenas aquilo que foi dito pelo professor.

Divulgação de ideias

Também faz parte da cultura científica a divulgação de ideias. Poderíamos imaginar que essa divulgação nada mais é que uma interação discursiva: sim, a divulgação pode ocorrer por meio de interações verbais e orais entre as pessoas, mas também pode acontecer de modos diferentes. Seja por meio de artigos escritos ou de apresentações orais, a divulgação do que é realizado tem importância no âmbito das Ciências.

Essa importância da divulgação está no bojo da própria Ciência: as Ciências partem da premissa de que o conhecimento não é estático e novas interpretações podem ser dadas a uma proposta anterior, tornando-a mais completa. Portanto, apresentar ideias aos pares faz parte do trabalho de aprimorar ou refutar conhecimentos que estão em discussão.

Em sala de aula, quando interações discursivas são promovidas, a comunicação oral já pode estar em curso, contudo, é possível também explorar a comunicação escrita. Ao pensar no ensino de Ciências para o Ensino Fundamental (foco deste livro), essa atividade ganha ainda mais relevância, uma vez que se menciona alunos em processo de alfabetização na língua materna.

Há diversas formas de se registrar ideias: desde relatórios descritivos, seguindo um roteiro de passos preestabelecido, até um relato aberto sobre o que se experienciou. Esta última alternativa é bem mais adequada, considerando-se a investigação em sala de aula.

Aos alunos, a elaboração de um registro gráfico pode servir para organizar dados, sintetizar informações ou apresentar aos demais colegas o que foi realizado. Ao professor, as funções anteriores ajudam no encaminhamento das discussões e avaliação delas. Desse modo, os registros podem ser uma forma de o professor acompanhar o progresso dos alunos ao longo da abordagem do tema.

Mas vale lembrar que, em muitos casos, os registros dos alunos do Ensino Fundamental I podem aparecer na forma híbrida de desenho e texto ou apenas um ou outro. Assim como os gestos aliados ao discurso oral, o desenho deve ser encarado como mais uma linguagem a qual os alunos utilizam para fazer-se entender. Nesse caso, é especialmente importante, pois detalhar na escrita certas relações de um fenômeno pode demandar uma precisão maior, no que se refere a vocabulário, gramática e semântica as quais os alunos tenham acesso até aquele momento.

E a alfabetização científica?

Como se afirmou anteriormente, a alfabetização científica é, atualmente, um dos parâmetros para o ensino das Ciências. Objetivo este que pode iniciar na escola, mas que certamente não se finda ali e não se restringe apenas a ela (Fourez, 1994; Hurd, 1998; Lorenzetti e Delizoicov, 2001; Sasseron e Carvalho, 2011).

Alfabetizar cientificamente os alunos significa oferecer condições para que possam tomar decisões conscientes sobre problemas de sua vida e da sociedade relacionados a conhecimentos científicos. Mas é preciso esclarecer que a tomada de decisão consciente não é um processo simples, meramente ligado à expressão de opinião: envolve análise crítica de uma situação, o que pode resultar, pensando em Ciências, em um processo de investigação.

Assim, em sala de aula, com o objetivo de alfabetizar cientificamente os alunos, devemos estar atentos a habilidades que podem ser agrupadas em 3 blocos: chamamos esse conjunto *Eixos Estruturantes da Alfabetização Científica*, pois, a nosso ver, esses três eixos são capazes de fornecer bases suficientes e necessárias a serem consideradas no momento da elaboração e do planejamento de propostas de aulas que visem à alfabetização científica.

O primeiro eixo estruturante refere-se à *compreensão básica de termos, conhecimentos e conceitos científicos fundamentais* e diz respeito à possibilidade de trabalhar com os alunos a construção de conhecimentos científicos necessários para que seja possível a eles aplicá-los em situações diversas e de modo apropriado em seu dia a dia. Sua importância encontra-se, ainda, na necessidade exigida em nossa sociedade de se compreender conceitos-chave como forma de poder entender até mesmo pequenas informações e situações do cotidiano.

O segundo eixo preocupa-se com a *compreensão da natureza das ciências e dos fatores éticos e políticos que circundam sua prática*. Está associado à ideia de ciência como um corpo de conhecimentos em constante transformação por meio de processo de aquisição e análise de dados, síntese e decodificação de resultados que originam os saberes. Tendo em vista a sala de aula, nos anos iniciais do Ensino Fundamental, esse eixo é aquele que fornece subsídio para a abordagem das questões ligadas às investigações científicas: não apenas a realização de investigações, mas também os aspectos social e humano nelas incutidos. Além disso, o trabalho com esse eixo deve auxiliar o desenvolvimento de ações que alunos e professores podem assumir diante de informações e conjunto de novas circunstâncias que exijam reflexões e análises, considerando-se o contexto antes da tomada de decisão.

O terceiro eixo estruturante da AC compreende o *entendimento das relações existentes entre ciência, tecnologia, sociedade e meio ambiente*. Neste caso, o que chama a atenção é a identificação das relações entre essas esferas e, portanto, da consideração de que a solução imediata para um problema em uma dessas áreas pode representar, mais tarde, o aparecimento de outro problema associado. Assim, esse eixo denota a necessidade de se compreender as aplicações dos saberes construídos pelas Ciências considerando as ações desencadeadas pela aplicação deles. O trabalho com esse eixo deve ser garantido na escola quando se tem em mente o desejo de um futuro sustentável para a sociedade e o planeta.

Entendemos que o planejamento de aulas que leve em consideração tais eixos estará alinhado ao objetivo de desenvolver o processo de alfabetização científica entre os estudantes. Isso pode ocorrer, pois oportunidades serão propostas para o estudo de problemas relacionados à sociedade e ao ambiente, ao mesmo tempo que poderá ser possível discutir fenômenos do mundo natural, visando à construção do entendimento sobre esses fenômenos e sobre os empreendimentos gerados com base em tal conhecimento.

O que há de comum entre estes tópicos?

Ainda que cada modo de fazer científico exposto anteriormente – investigação, interações discursivas e comunicação de ideias – tenha uma definição autêntica, há algumas similaridades entre elas, principalmente, no que diz respeito à maneira como ocorrem. Todas elas estão relacionadas a ações realizadas para a proposição de noções sobre temas das Ciências e estão ligadas ao surgimento de um processo de importância para a construção e explicitação de ideias: a argumentação.

Entendemos a argumentação como todo e qualquer processo por meio do qual a análise de dados, evidências e variáveis permite o estabelecimento de uma afirmação que relaciona uma alegação e uma conclusão, ou seja, um argumento. Tal relação pode estar associada a justificativas e refutações que garantam ser a afirmação mais ou menos forte. A análise de dados e evidências é um processo que possibilita o reconhecimento de variáveis e o estabelecimento daquelas que são relevantes para o problema em questão. Essa análise também permite estudar hipóteses e conjecturar sobre condições favorecendo a avaliação do que se investiga e, portanto, consolidando justificativas e refutações para a conclusão do problema.

Há inúmeros trabalhos que tratam sobre argumentação. Muitos deles relacionam-se explicitamente ao ensino de Ciências (Driver et al., 2000; Kelly et al., 1998; Jiménez-Aleixandre et al., 2000, entre outros). Esses trabalhos associam a argumentação promovida em sala de aula com aspectos a se considerar quando se almeja a alfabetização científica dos estudantes, uma vez que promover a argumentação em sala de aula permite que os alunos tenham contato tanto com os conteúdos científicos como com o fazer Ciência e as relações que esses saberes têm com a sociedade e o meio ambiente. A relação ocorre quando se considera a argumentação como forma específica por meio da qual as proposições em Ciências são construídas e divulgadas. Desse modo, estabelecer argumentação em sala de aula seria uma forma de aproximar os estudantes das características do fazer científico anteriormente listadas. Isso porque, ao utilizar ações e estratégias próprias das Ciências, a construção do argumento deve estar em curso e ser resultado das análises feitas durante uma investigação, podendo ser comunicada também tanto oral como graficamente.

A argumentação em sala de aula

A sala de aula é um ambiente complexo em que diferentes pessoas, com diferentes experiências de vida, encontram-se para debater sobre temas de diversas áreas de conhecimento humano.

Como nosso foco são as Ciências e, portanto, a compreensão do mundo natural, informações provenientes de experiências servem de rica fonte de dados para estudos a serem realizados em sala de aula. Para que a argumentação de fato ocorra em sala de aula, o professor precisa promover a investigação por meio de problemas a serem resolvidos.

Ao longo da investigação, ao permitir e promover situações em que ocorram interações discursivas, o professor poderá oferecer condições para que a argumentação surja. Para isso, é necessário que ele se atente ao trabalho de organização e análise dos dados e informações existentes e questione sempre os alunos, ao propor perguntas de tal modo que seja possível analisar observações feitas e/ou hipóteses levantadas e contrapor situações.

Em estudos anteriores, temos analisado quais ações do professor em sala de aula são importantes para o fomento da argumentação em aulas investigativas de Ciências. Podemos afirmar a existência de duas grandes esferas da atuação dos professores necessárias para o desenvolvimento da argumentação em sala de aula: os propósitos pedagógicos e epistemológicos.

Os propósitos pedagógicos referem-se ao desenvolvimento de ações em sala de aula que contribuem para o desenvolvimento no espaço e tempo de uma aula.

Propósitos e ações pedagógicos do professor para promover argumentação	
Propósitos pedagógicos	**Ações pedagógicas**
Planejamento da atividade	Definição dos objetivos, organização de materiais necessários e preparação do cronograma
Organização para a atividade	Divisão de grupos e/ou tarefas, organização do espaço, distribuição de materiais, limite de tempo
Ações disciplinares	Proposição clara das atividades e das ações a serem realizadas, atenção ao trabalho dos alunos, ações disciplinares
Motivação	Estímulo à participação, acolhida das ideias dos alunos

Cada um dos propósitos e das ações pedagógicas do professor são velhas conhecidas de quem está em sala de aula. Por isso mesmo, cabe aqui uma análise mais precisa sobre cada uma.

Planejamento da aula: esse propósito é levantado antes de a aula ocorrer. A definição dos objetivos da aula vai pautar todo o trabalho futuro. Os materiais precisam ser organizados e, a depender da especificidade da atividade, verificar se estão em condição de uso e se são em número suficiente para a turma. Além disso, outra ação a ser realizada, nesse momento, é a preparação do cronograma da aula: ainda que a aula seja dinâmica e ganhe vida com as interações com a turma, os objetivos definidos apontam resultados que precisam ser alcançados com uma aula ou atividade.

Organização para a atividade: as atividades de sala de aula podem prever ações individuais ou conjuntas. Ao iniciar a atividade o professor precisa deixar claro aos alunos como deve ocorrer e, se for o caso, agrupar os alunos para o trabalho coletivo. Para tanto, cuidados também terão de ser tomados com o gerenciamento do espaço escolar: a disposição das mesas e carteiras e dos materiais para a aula não apresenta papel apenas de organização dos grupos, mas também, e acima de tudo, na organização do *trabalho* do grupo. Além disso, uma atividade deve ter tempo para iniciar e acabar: enquanto os alunos e/ou grupos estiverem verdadeiramente envolvidos com a investigação, o tempo pode ser estendido, mas é preciso estar atento para encerrar uma etapa e iniciar outra quando o trabalho estiver satisfatório para todos.

Ações disciplinares: relacionado ao item anterior, as ações disciplinares estão ligadas à execução das atividades, mas pautam-se em relações interpessoais. Pedir a atenção de todos para determinada discussão, informar qual atividade será feita, repreender comportamentos inadequados de alunos fazem parte das ações disciplinares da aula. No mesmo sentido, ser claro quanto ao que se pede e se espera dos alunos também é uma estratégia vinculada às ações disciplinares: muitas vezes os alunos não realizam uma atividade da maneira como se esperava apenas porque não compreenderam o que o professor solicitava. Isso pode ocorrer porque o vocabulário utilizado é desconhecido daquele público ou porque o conhecimento que possuem sobre os materiais à disposição (e o que eles podem fazer) ainda não é suficiente para a investigação.

Motivação: o estímulo para o trabalho com uma atividade pode ser diferente para cada aluno e o professor deve estar ciente desse aspecto. Perguntas intrigantes e possíveis de responder com a ajuda dos materiais (experimentais ou bibliográficos) são um elemento de motivação para a investigação. Essas perguntas podem ser o gatilho para a análise, mas também podem ocorrer ao longo dela, como maneira de assegurar o estudo de dados, informações e conhecimentos já existentes. Outra forma de motivação à participação dos alunos ocorre quando as respostas dadas por eles recebem avaliação do professor e são utilizadas na discussão com toda a turma: isso não quer dizer que apenas as respostas "corretas" devam ser esperadas; muitas vezes, um exemplo ainda não tão bem examinado trazido por um aluno pode gerar uma análise mais profunda do fenômeno em questão. No mesmo sentido, a motivação pode ocorrer quando o professor oferece oportunidades para que todos os alunos participem.

Cada um desses propósitos pedagógicos e as ações a eles relacionadas devem auxiliar no desenvolvimento da argumentação, pois estão associados diretamente à criação de possibilidades para que os alunos realizem investigação, interajam discursivamente e divulguem suas ideias.

O outro espectro de propósitos e ações do professor para promover argumentação, associado à epistemologia do trabalho científico, é sintetizado no quadro a seguir. Diferentemente dos propósitos e ações explicitados anteriormente, estes que agora veremos estão intrinsecamente ligados à construção de um argumento científico. Assim sendo, alguns passos metodológicos da investigação são ressaltados, como é o caso de trabalho com dados, informações e conhecimentos; levantamento e o teste de hipóteses; explicitação de variáveis e reconhecimento daquelas relevantes para o problema em foco; construção de relações entre variáveis; proposição de justificativas; proposição de explicações.

Propósitos e ações epistemológicos do professor para promover argumentação	
Propósitos epistemológicos do professor	Ações epistemológicas do professor
Retomada de ideias	Referência a ideias previamente trabalhadas e/ou experiências prévias dos alunos
Proposição de problema	Problematização de uma situação
Teste de ideias	Reconhecimento e teste de hipóteses
Delimitação de condições	Descrição, nomeação e caracterização do fenômeno e/ou de objetos
Reconhecimento de variáveis	Delimitação e explicitação de variáveis
Correlação de variáveis	Construção de relação entre variáveis, construção de explicações
Avaliação de ideias	Estabelecimento de justificativas e refutações

As relações propósitos-ações merecem ser mais bem detalhadas:

Retomada de ideias: é uma estratégia para o levantamento do que já se tem como alicerce para as discussões que vão ocorrer e por isso sua importância. É uma maneira de o professor iniciar o trabalho de organização de informações e tomada de consciência sobre dados à disposição.

Proposição de um problema: uma vez que materiais, dados ou informações já fazem parte do conhecimento dos alunos, a proposição de um problema atua como gatilho para a investigação. Vale mencionar que, em muitos casos, para que a investigação possa trazer resultados mais consolidados do ponto de vista do argumento em construção, outras perguntas podem ser feitas associadas ao problema central.

Teste de ideias: o teste pode ocorrer de maneira empírica ou hipotética. Ele está associado ao problema proposto pelo professor, mas vai além: é um incentivo para que os alunos ponham à prova ideias que apresentam para a solução do problema. Muitas vezes aparece como uma condição do tipo *e se...*

Delimitação de condições: trata-se da descrição e nomeação de ações realizadas e efeitos obtidos. Sua importância sustenta-se na necessidade de que as ações sejam construídas ou reconstruídas mentalmente, o que possibilita a tomada de consciência sobre as condições em torno do fenômeno em investigação.

Reconhecimento de variáveis: é um passo posterior ao reconhecimento das ações realizadas. Agora o que está sendo reconhecido são as variáveis que atuam no fenômeno e relevantes para a sua compreensão.

Correlação de variáveis: uma vez que as variáveis foram explicitadas, inicia-se a construção de relações entre elas – de que modo a alteração em uma afeta a outra. Pode ser um passo para a avaliação das variáveis anteriormente delimitadas, auxiliando a definir quais são as variáveis, de fato, relevantes. Aqui começam as ser construídas as explicações para o fenômeno.

Avaliação de ideias: construídas as relações entre as variáveis, a análise das condições-limite em que certas reações ocorreriam em decorrência de certas ações permite avaliar o que foi proposto. Esse movimento de encontrar os limites por meio da avaliação contribui para o estabelecimento de justificativas e de refutações para a explicação dada.

Exemplos da sala de aula

Para discutir o que até aqui foi exposto, traremos dois exemplos ocorridos em sala de aula do Ensino Fundamental de escolas públicas. Escolhemos atividades diferentes, com a semelhança de serem propostas investigativas e, assim, serem postas em prática pelas professoras. Vamos apresentar transcrições das aulas gravadas, com a seleção de momentos que ilustrem os propósitos e as ações das professoras.

O nome de cada aluno foi alterado para manter a privacidade e a coleta de dados ocorreu seguindo pressupostos éticos no que se refere à concessão do direito de uso de imagem e áudio para estudos.

Exemplo 1: Atividade experimental

Selecionou-se uma aula cujo tema em investigação são as sombras. Trata-se de uma atividade que permite a discussão sobre a tridimensionalidade do cone de sombra e, portanto, importante para que sejam discutidos fenômenos ligados à ausência de luz como os eclipses ou a noite.

Para essa atividade são necessários o seguinte kit de material, para cada grupo (de 4 a 5 alunos): uma luminária, um anteparo a ser colocado em frente à luminária, uma mesa em que a luminária será presa, blocos de isopor ou de montar em grande quantidade.

A aula ocorreu em uma escola pública estadual da periferia da cidade de São Paulo e a turma era composta por alunos entre 9 e 11 anos, que cursavam a antiga 4ª série do Ensino Fundamental (atual 5º ano).[1] A atividade inicia-se com os grupos formados e o seguinte problema a ser investigado: *colocar todas as peças dentro da sombra*.

Inicialmente, os alunos tentam obedecer ao contorno da projeção formada no chão e inserir o maior número de peças possível no espaço. Nesse movimento de colocar e organizar as peças, vão percebendo que a sombra é mais que apenas a projeção no chão e começam a empilhá-las. Ao final desse trabalho inicial com o material, os alunos terão colocado as peças umas sobre as outras e obterão um cone de peças sob a sombra.

A seguir, reproduzimos um trecho inicial desta aula: exatamente o momento em que a professora apresenta os materiais e propõe o problema para a turma resolver:

Turno	Falas transcritas	Descrição
01	Professora: Aqui nós temos uma luminária, tá ... e aqui nós temos um pequeno suporte, que vai ser acoplado a ela. Vai ser colocado assim ... ó ... e nós vamos fazer um experimento, com cubos, triângulos, figuras geométricas. Aí eu vou propor um problema pra vocês e vocês em grupo vão solucionar. (...) É pra tocar mesmo, é pra pegar, é pra pôr a mão ... pode senti-las, tá bom?	Professora apresenta os materiais aos alunos: luminária, suporte e peças coloridas. A professora distribui os materiais aos alunos.
02		Alguns membros do grupo começam a empilhar as peças, uma sobre as outras. Outros desenrolam o fio da luminária. Os alunos trocam as peças entre eles, observam as dimensões e as cores delas.
03	Professora: Nós vamos ligar as luminárias. (...) Como é a nossa experiência esta manhã? Nós vamos ligar a luminária, tá. E vocês vão ter (...) que colocar todas as peças que a professora colocar na mesa de vocês, dentro da luz (...) é dentro da luz?	Professora fala enquanto escreve o problema na lousa. Neste instante é possível ouvir vários alunos lendo a frase em voz baixa.
04	Aluno7: Não (...) é dentro da SOMBRA (...)	

---

[1] Esta atividade foi analisada na dissertação de Locatelli (2006). Os dados aqui utilizados foram obtidos nos anexos de seu trabalho.

Turno	Falas transcritas	Descrição
05	Professora: Ah, (...) é dentro da sombra, olha lá. Então vai ter que tá (...) arrumar um jeito de colocar todas as peças, tá. E elas vão ter que ficar debaixo (...) Qual foi a proposta?	Professora aponta para a palavra "sombra" escrita no quadro. Professora faz movimentos com as mãos para cima e para baixo.
06	Alunos: (...) dentro da sombra.	
07	Professora: Da sombra (...) ela vai ter que ficar ali (...) e não vai poder ficar nenhuma fora. Nós vamos utilizar a cartolina para que fique mais claro e vocês vão ficar colocando (...) certo? Dentro da sombra.	

Um primeiro olhar para esse momento pode destacar a grande predominância de falas da professora. Isso evidencia que os alunos ainda são informados sobre a aula e convidados a participar da atividade.

Ainda que esses dados não nos permitam ter acesso a informações sobre o planejamento da aula, podemos inferir algumas ideias quanto aos demais propósitos pedagógicos para a argumentação.

Logo no início da transcrição, a primeira fala da professora mostra a *organização para a atividade*. Isso torna-se evidente quando a professora apresenta aos alunos os materiais e sugere a eles que os manipulem.

Na sequência, ela diz: "Nós vamos ligar as luminárias (...) Como é nossa experiência esta manhã? Nós vamos ligar a luminária, tá. E vocês terão que colocar todas as peças que a professora colocar na mesa dentro da luz... É dentro da luz?". Aqui percebemos um hibridismo nos propósitos da professora, pois essa fala tanto retrata a *organização para a atividade*, as *ações disciplinares da atividade*, pois se trata tanto da divisão de tarefas como da proposição de ações a serem realizadas e do problema a ser investigado, mas também a *motivação* evidencia-se no momento em que, já tendo escrito o problema na lousa, convida os alunos para ajudá-la na apresentação oral.

No turno 05, a professora novamente demonstra o propósito *ações disciplinares*, pois recoloca o problema com uma linguagem mais simples: uma tentativa de assegurar que todos compreendam o que é preciso fazer.

Isso continua a ser feito no turno 07, com o acréscimo, nesse momento, de instruções práticas ligadas ao material ("Nós vamos utilizar a cartolina para que fique mais claro (...)"), o que evidencia cuidados com a organização para a atividade.

A professora então deixa os alunos trabalharem em grupo, atenta ao que é feito por cada aluno. Quando percebe que os grupos conseguiram resolver o problema com o uso dos materiais, tem-se início outra parte importante da aula: a discussão sobre o que foi realizado e a construção de explicações para o problema resolvido.

A discussão tem início nos turnos destacados a seguir:

Turnos	Falas transcritas	Descrição
136	Professora: Bom, neste momento, a professora vai passar recolhendo o material. Podem ficar sentadinhos, depois a gente vai dar uma afastadinha nas carteiras pra gente discutir...	
		Os alunos auxiliam a professora, guardando o material. Neste instante a classe fica agitada, alguns alunos conversam alto.
137	Professora: 1, 2, 3. Ouvindo a professora agora. Nós até agora fizemos tudo direitinho e bonitinho. Precisa tumultuar nesse momento? (1)	(1) todos os alunos, sentam-se em suas carteiras.
138	Alunos: Não!	
139	Professora: Então vamos esperar, nós vamos tirar o material, ninguém vai ficar sentado. Nós vamos afastar as carteiras e nós vamos sentar no chão. Todos juntos, pra gente bater um papo legal.	

O turno 136 retrata o propósito da professora com a *organização para a atividade*: arrumar e guardar o material utilizado é importante não apenas para manter a ordem da sala como também é uma maneira de garantir que os alunos participem da discussão, pois, do contrário (com os materiais ainda a seu alcance), poderia haver dispersão entre os alunos em razão da manipulação dos materiais. Outra ação que caracteriza a *organização para a atividade* neste momento é a orientação da professora sobre a organização espacial: "Podem ficar sentadinhos, depois a gente vai dar uma afastadinha nas carteiras pra gente discutir...".

Em seguida, ainda procurando atenção para a discussão que vai se iniciar, a fala da professora demonstra uma ação disciplinar: "1, 2, 3. Ouvindo a professora agora. Nós até agora fizemos tudo direitinho e bonitinho. Precisa tumultuar nesse momento?". Essa fala é um exemplo de *ação disciplinar*.

No último turno selecionado agora, a professora continua a *organização para a atividade* mais uma vez solicitando aos alunos ajuda para a distribuição espacial e, ao mesmo tempo, ao dizer "todos juntos, para gente bater um papo legal", ela intenciona a *motivação* dos alunos para a atividade que se inicia.

A observação desses momentos da aula deixa claro instantes em que a professora está mais preocupada com tornar o espaço escolar adequado e favorecer o trabalho dos alunos. Esses propósitos podem parecer pouco relacionados ao desenvolvimento da argumentação em sala de aula, mas, se forem executadas, o envolvimento e as interações entre alunos e professor podem não estar garantidos, o que, invariavelmente, comprometeria o desenrolar das discussões.

Exemplo 2: Leitura de texto

A aula selecionada para ilustrar nossa proposta integra uma sequência de ensino em que os alunos investigam condições para a flutuação de corpos na água. Eles já haviam realizado uma atividade experimental em que era preciso construir um barquinho que, colocado na água, pudesse carregar o maior número de pecinhas sem afundar (Carvalho et al., 1998); e também haviam feito uma atividade de comparação entre imagens de diversas embarcações com o objetivo de explicitar semelhanças e diferenças entre elas.

A aula gravada e transcrita ocorreu em uma escola pública estadual da cidade de São Paulo, em uma turma de antiga 3ª série do Ensino Fundamental (atual 4º ano) em que os alunos tinham idades entre 9 e 10 anos.

O texto a ser lido traz como temática principal o uso de água de lastro em embarcações como forma de manter a estabilidade independentemente da carga presente.

Turno	Falas transcritas
1	Professora: A gente vai trabalhar hoje com um texto e conversar um pouquinho sobre o que a gente fez ontem, lá no laboratório (...) [Pausa. Conversas e barulhos dos alunos] Quem quer lembrar pra mim o que foi que a gente fez ontem lá no laboratório? Levanta a mão quem quiser falar. Vamos ver. Luciano?! O que é que a gente fez, Luciano?
2	Luciano: A gente falou assim (...) Qual é a (...)
3	Professora: Peraí! Só um minutinho, Luciano. Quem que tá fazendo esse barulho de passarinho cantando? Agora a aula já começou, tá bom?
4	Francisco: Professora, professora! Posso trocar de mesa? Essa tá balançando.
5	Professora: Pode trocar de carteira. [a professora espera até que o aluno faça a troca] Pronto, Francisco? Obrigada. Então, o Renato e o... Lucas. Agora já deixou o passarinho lá fora.
6	Renato: Eu não tava.
7	Professora: Você não tava assobiando? Era só o Lucas? Então o Lucas já entendeu, não é, Lucas? Então vamos lá, Luciano. E depois o Daniel quer falar também. O que é que foi que nós fizemos ontem?
8	Luciano: A gente, a gente discutimos as diferenças e as semelhanças de um, de um barco para o outro.
9	Professora: [concordando] De uma embarcação para outra. Daniel.
10	Daniel: É (...) A gente também (...) falou é (...) o barco que cada um, que cada um trouxe.

A primeira fala da professora já é bastante rica em relação aos propósitos por ela explicitados. Podemos encontrar indícios tanto em relação aos propósitos pedagógicos quanto aos epistemológicos.

No que diz respeito aos propósitos epistemológicos, percebemos o esforço da professora em iniciar a *retomada de ideias* quando solicita aos alunos que contem o que foi feito na aula anterior. A maneira como essa colocação é feita também pode ser encarada como um propósito pedagógico de *motivação*, pois se trata de um estímulo à participação dos alunos na discussão da aula que se inicia. Outro ponto que chama a atenção nessa fala da professora é seu dizer: "*Levanta a mão quem quiser falar*", ilustrando o propósito de *ação disciplinar*, em uma organização da dinâmica que espera transcorrer.

As *ações disciplinares* ficam ainda mais explícitas nos turnos que se seguem, quando a professora chama a atenção de alunos e permite reacomodação de um deles por causa de problemas com sua carteira. É o início da aula e daí a importância de que essas ações sejam tomadas nesse momento: uma discussão importante provavelmente não precisará ser interrompida no meio da aula para providências como estas.

No turno 7, além desse cuidado com a questão disciplinar, a professora volta a indagar os alunos sobre a aula anterior em clara demonstração de um propósito epistemológico com a *retomada de ideias*. Essa retomada é importante, pois servirá como base para as discussões que se iniciam nessa aula e isso torna-se real por meio das respostas dadas pelos alunos (turnos 8 e 10) destacando evidências obtidas na atividade da aula anterior.

A professora volta, então, a questionar os alunos, conforme podemos observar nos trechos a seguir:

Turno	Falas transcritas
11	Professora: Cada um trouxe uma figura diferente, não foi? Um barco diferente, uma embarcação diferente, e aí, nos grupos, vocês conversaram sobre as diferenças e sobre as semelhanças, não é? Tinham muitas diferenças de um para o outro?
12	Tadeu: Não.
13	Daniel: Dependia de cada barco, do barco que cada um tinha trazido.
14	Professora: [concordando] Dependia do barco que cada um trazia. Tinha muita coisa parecida entre uma embarcação e outra?
15	Luciano: Tinha.
16	Igor: Tinha.

Turno	Falas transcritas
17	Professora: E o que que vocês notaram de diferente nas embarcações que vocês estavam trabalhando ontem. [chamando a atenção de uma aluna] Raquel! O que foi que vocês viram de diferente? [pausa. Só um aluno levanta a mão] Só o Luciano?! [outros alunos levantam as mãos] Igor! Vamos lá!
18	Igor: Porque assim: um tinha, um tinha vela e o outro não tinha; um era de aço e o outro era de madeira.
19	Professora: [concordando] Ah! O material então: um tinha vela, o outro não tinha; outro era de metal, o outro era de madeira. Que mais que vocês viram de diferença? Quem quiser falar, tem todo o direito de levantar a mão e esperar a sua vez. Vamos lá, Renato!

Levando-se em conta as informações relembradas pelos alunos, a professora inicia com eles o trabalho para a análise de condições e variáveis. Em termos epistemológicos, trata-se de um momento crucial para a investigação, pois é quando se estuda quais as ações e/ou influências para a ocorrência de um fenômeno.

Entre os turnos 11 e 16, as interações entre professora e alunos mostram a *delimitação de condições* que, nesse caso, se restringe ao fato de que dependendo da figura da embarcação trazida pelos grupos, poderia identificar as semelhanças e as diferenças entre elas. O que está implícito nessas falas é o formato da embarcação e a função que elas apresentam, mas esses nomes somente aparecerão na sequência das discussões.

O turno 17 mostra cuidados da professora com as duas esferas: a pedagógica e a epistemológica. Ao perguntar: "E o que que vocês notaram de diferente nas embarcações que vocês estavam trabalhando ontem. (...) O que foi que vocês viram de diferente?", a professora trabalha com a delimitação de condições, uma vez que seu objetivo é o de que os alunos descrevam e caracterizem o estudo previamente realizado. Na sequência, diante do fato de que apenas um aluno está com sua mão levantada, solicitando a permissão para falar, a professora diz: "*Só o Luciano?!* [outros alunos levantam as mãos] *Igor! Vamos lá!*", e fica registrado um propósito pedagógico com a *motivação* aos alunos para participar da discussão.

Depois da resposta dada pelo aluno, no turno 19, a professora diz: "*Ah! O material então: um tinha vela, o outro não tinha; outro era de metal, o outro era de madeira. Que mais que vocês viram de diferença?*". Nesse momento, percebemos que a professora volta a fazer uso de *motivação*, pois aceita a ideia do aluno e a divulga para toda a sala. Outro ponto marcante nessa sua fala é a sistematização feita em relação ao que o aluno disse: a professora usa a palavra *material* para se referir às características descritas pelo aluno e, ao explicitá-las uma a uma, percebemos o esforço no *reconhecimento de variáveis*, pois ela confere às condições descritas pelos alunos o *status* de fatores que influenciam para o fenômeno.

Os alunos continuam a descrever características e, com a ajuda da professora e dos colegas, as condições vão se tornar variáveis do problema. São destacadas as variáveis: material, formato e função das embarcações. Com esses aspectos estabelecidos, a discussão segue nesta direção:

Turnos	Falas transcritas
35	Professora: Bem largo é o que você quer dizer? Vocês viram? Todo mundo que encontrou as diferenças, percebeu isso que o Rogério falou? Que os barcos de carga, os navios que transportam carga eles são mais largos; já os que transportam pessoas, os transatlânticos, os cruzeiros, por exemplo, eles eram mais altos. E por que é que precisa ser assim? Daniel.
36	Daniel: Pra, pra, pro barco que transporta pessoa tem que ser maior pra caber mais pessoas. E o que transporta carga tem que ser maior, mais largo pra caber mais carga.
37	Professora: [concordando] Pra caber mais carga? Por que, Igor?
38	Igor: Por causa que o de, é, o transatlântico, ele precisa ser mais comprido [faz gesto em formato de cone para cima para caber todo mundo, que os passageiros têm bastante coisas]. O de carga, ele é mais largo [faz gestos planos da direita para a esquerda] pra gente botar a carga em cima dele, pra, pra (...)
39	Professora: Pra ter bastante espaço pra colocar as cargas, é isso? O que é que você acha, Davi?
40	Davi: O de carga, se você colocasse, se ele fosse alto e a gente colocasse uma carga em cima da outra, podia desequilibrar aquele barco e afundar.
41	Professora: [concordando] E afundar. Isso que o Davi tá falando é bem importante. Quer dizer: o de carga, ele é mais largo porque a gente espalha a carga pelo navio e ele consegue carregar mais, não é? Se a gente colocar uma carga em cima da outra [problema na captura de áudio] em um só lugar do navio, o que é que vai acontecer?
42	Léo: Virar.
43	Professora: Podia afundar. Podia desequilibrar e daí e não dar. Fala, Daniel.
44	Daniel: Por isso que navio de carga tem [problemas com áudio] pra caber a carga.
45	Professora: [concordando] Pra caber e pra já deixar a carga equilibrada. Fala, Davi.
46	Davi: [inaudível]
47	Professora: Ah, entendi! Eu tava pensando aqui uma coisa: um barco que transporta pessoas, ele é alto [problemas com a captura de áudio] ele tá com a capacidade total dele de pessoas lá, todo mundo naquele navio de pessoas. Não corre o risco de afundar por causa do excesso de peso?
48	Alunos: Pode.

A fala da professora no turno 35 começa com uma *motivação*, uma vez que aceita a ideia do aluno e faz uso dela para continuar a colocar questões à turma: "*Que os barcos de carga, os navios que transportam carga eles são mais largos; já os que transportam pessoas, os transatlânticos, os cruzeiros, por exemplo, eles eram mais altos. E por que é que precisa ser assim?*". Ainda fica claro o propósito epistemológico da professora em realizar a *correlação de variáveis*, já que ela associa o formato e a função das embarcações solicitando aos alunos que analisem o entrecruzamento delas.

No turno 36, o aluno Daniel esboça a primeira correlação e a professora, na sequência pede que o *teste das ideias* seja feito ao dizer: "*Para caber mais carga? Por quê?*".

Os alunos vão explicitando sua compreensão e construindo o entendimento, e a professora inicia o trabalho epistemológico com a *avaliação de ideias* que se torna bastante nítido em falas como a do turno 41: "*Quer dizer: o de carga, ele é mais largo porque a gente espalha a carga pelo navio e ele consegue carregar mais, não é? Se a gente colocar uma carga em cima da outra em um só lugar do navio, o que é que vai acontecer?*".

Nesse momento, a correlação entre as variáveis, formato e função, começam a ser investigadas tendo em vista a necessidade de distribuição de carga, o que permitirá aos alunos a construção de uma explicação mais completa sobre o porquê de cada tipo de embarcação ter características estruturais diferentes de acordo com a função que exercem.

É interessante mencionar ainda que toda a discussão analisada ocorreu antes mesmo do início da atividade central dessa aula: a leitura do texto. Assim, podemos afirmar que esse momento inicial é apoiado em propósitos pedagógicos da professora ligados ao *planejamento da aula* e a *ações disciplinares*, uma vez que ela se esforça para atingir os objetivos dessa atividade tendo de, para tanto, organizar a discussão de modo que a proposição do problema esteja claro para toda a turma.

Considerações finais

A investigação como prática comum da comunidade científica foi trabalhada neste capítulo enfatizando, essencialmente, como a abordagem metodológica investigativa em sala de aula possibilita as interações discursivas entre professor e alunos.

Podemos dizer que as interações encontradas contribuem para o objetivo de alfabetizar cientificamente os alunos, pois houve oportunidade de discutir conteúdos científicos, trabalhar aspectos do fazer científico e debater sobre as inter-relações entre conhecimentos científicos, tecnológicos, sociedade e ambiente.

A atividade docente é complexa por definição. Concilia esferas múltiplas como as pedagógicas, afetivas, administrativas, conceituais e epistemológicas.

Em cursos de Pedagogia e Magistério superior, os aspectos pedagógicos, afetivos e administrativos recebem grande atenção e temos acompanhado o sucesso dos professores no que diz respeito ao exercício dessas esferas em sua prática docente. Contudo, em se tratando do ensino das Ciências, algumas peculiaridades ligadas a aspectos conceituais e epistemológicos das próprias Ciências precisam ser tidos em consideração.

Com relação aos aspectos epistemológicos, fundamentamos nossa base na promoção da investigação estimulada pelo professor. No que se refere à Ciência como área de proposição de conhecimento da humanidade, há uma grande variedade possível em relação às metodologias utilizadas pelos pesquisadores. Em sala de aula, podemos fazer uso dessa diversidade como forma de propor investigação. Assim pensando, uma investigação pode ter início de maneiras distintas, seja por um trabalho com ideias anteriormente discutidas, com a proposição de uma atividade experimental ou mesmo a leitura de um texto. O mais importante é que haja um problema a ser resolvido e as condições necessárias para a solução. O oferecimento de condições, nessa perspectiva, é um processo organizado pelo professor que deve ter ciência das dimensões pedagógicas e epistemológicas.

O hibridismo entre as duas se faz explícito nas análises anteriormente realizadas e fornecem-nos evidências da importância de que objetivos pedagógicos com o ensino das Ciências e epistemológicos das Ciências sejam trabalhados em conjunto como forma de permitir a investigação em sala de aula, as interações entre alunos e professor e o surgimento da argumentação entre eles.

Referências bibliográficas

CARVALHO, A. M. P. et al. *Ciências no Ensino Fundamental* – O conhecimento físico. São Paulo: Scipione, 1998.

DRIVER, R.; NEWTON, P.; OSBORNE, J. Establishing the norms of scientific argumentation in classrooms. *Science Education*, v. 84, n. 3, p. 287-312, 2000.

FOUREZ, G. *Alphabétisation scientifique et technique* – Essai sur les finalités de l'enseignement des sciences. Bruxelas: DeBoeck-Wesmael, 1994.

GIL PÉREZ, D. et al. *¿Cómo promover el interés por la cultura científica?* Una propuesta didáctica fundamentada para la educación científica de jóvenes *de 15 a 18 años*. Oficina Regional de Educación de la Unesco para América Latina y el Caribe Orealc/Unesco Santiago, 2005.

HURD, P. D. Scientific literacy: New minds for a changing world. *Science Education*, v. 82, n. 3, p. 407-416, 1998.

JIMÉNEZ-ALEIXANDRE, M. P.; BUGALLO RODRÍGUEZ, A.; DUSCHL, R. A. "Doing the lesson" or "doing science": Argument in High School Genetics. *Science Education*, v. 84, p. 757-792, 2000.

KELLY, G. J.; DRUCKER, S.; CHEN, C. Students' reasoning about electricity: Combining performance assessments with argumentation analysis. *International Journal of Science Education*, v. 20, n. 7, p. 849-871, 1998.

LOCATELLI, R. J. *Uma análise do raciocínio utilizado pelos alunos ao resolverem os problemas propostos nas atividades de conhecimento físico*. São Paulo, 2006. Dissertação (Mestrado) – Instituto de Física e Faculdade de Educação, Universidade de São Paulo.

LORENZETTI, L.; DELIZOICOV, D. Alfabetização científica no contexto das séries iniciais. *Ensaio* – Pesquisa em Educação em Ciências, v. 3, n. 1, p. 37-50, mar. 2001.

MILLAR, R.; OSBORNE, J. *Beyond 2000:* Science education for the future – The report of a seminar series funded by the Nuffield Foundation. Londres: King's College London, School of Education, 1998.

OLSON, S.; LOUCKS-HORSLEY, S. (Eds.) *Inquiry and the National Science Education Standards*: A guide for teaching and learning. Center for Science, Mathematics and Engineering Education, National Research Council, Washington, 2000. Disponível em: <http://www.nap.edu>.

OSBORNE, J.; DUSCHL, R.; FAIRBROTHER, R. *Breaking the Mould?* – Teaching Science for Public Understanding. Londres: The Nuffield Foundation, 2002.

SASSERON, L. H.; CARVALHO, A. M. P. Alfabetização científica: Uma revisão bibliográfica. *Investigações em Ensino de Ciências*, v. 16, n. 1, p. 59-77, 2011.

_____. Almejando a alfabetização científica no ensino fundamental: A proposição e a procura de indicadores do processo. *Investigações em Ensino de Ciências*, v. 13, n. 3, p. 333-352, 2008.

SASSERON, L. H. *Alfabetização Científica no ensino Fundamental* – Estrutura e Indicadores deste processo em sala de aula. São Paulo, 2008. Dissertação (Mestrado) – Faculdade de Educação, Universidade de São Paulo.

4
O que se fala e se escreve nas aulas de Ciências?

Carla Marques Alvarenga de Oliveira

A educação deve ser pensada de forma diferente do passado. Atualmente, no mundo tecnológico em que nossos alunos estão inseridos, as aulas de Ciências para serem mais produtivas e eficientes devem ser desafiadoras. Nessas aulas, os alunos têm a possibilidade de experimentação, de trocar ideias com seus colegas sobre o que foi realizado, dialogadas entre todos os presentes e registradas para a sistematização das ideias discutidas.

Cabe ao professor aprender a ouvir os alunos e trocar com eles informações. Ouvir não é fácil para quem não foi acostumado a isso! Será necessário treino e exercício por parte desse professor para aprender a ouvir realmente a voz do aluno. Ouvir o aluno não se encerra na reprodução das respostas que o professor quer ouvir, mas na possibilidade de o aluno expressar sua própria voz e, por consequência, sua visão de mundo.

As aulas de Ciências, para os primeiros anos do Ensino Fundamental, devem prever atividades problematizadoras para que os alunos possam sentir-se desafiados a procurar soluções, levantar e testar suas hipóteses, discutir suas ideias com seus pares e professores e também registrar por escrito suas impressões sobre a experiência vivida.

A partir dessa concepção de ensino-aprendizagem, o presente capítulo apresenta uma investigação das relações existentes entre aquilo que os alunos falam durante as discussões e o registro escrito após uma atividade experimental. Esse estudo se dá em uma aula em que são utilizadas atividades investigativas, na qual os alunos são levados a discutir e escrever sobre o tema estudado.

A construção do saber no ambiente escolar se faz a partir do envolvimento efetivo do educando diante dos desafios a ele apresentado pelo professor. Sabemos que os alunos desenvolvem seu entendimento conceitual e aprendem mais sobre investigação científica se engajados em uma investigação, desde que exista nessa investigação oportunidade suficiente para a reflexão (Hodson, 1992). No momento em que o professor oferece essa oportunidade aos alunos, é fundamental que esses se sintam respaldados pela investigação tanto pelo professor quanto por seus colegas.

De acordo com Yore, Hand e Florence (2004) a comunicação oral e escrita e o processo de escrita e leitura são valorizados pela comunidade científica atual. Um professor que se preocupa com a formação científica de seus alunos necessita levar em consideração essas ações para permitir que os alunos possam avançar nessa perspectiva científica.

As aulas de Ciências, que encaminham os alunos a uma enculturação científica, devem também se preocupar com a desenvoltura das habilidades de comunicação, sejam orais ou escritas, em uma perspectiva do discurso cientificamente correto.

Os alunos devem estar familiarizados com todas as diferentes linguagens utilizadas no processo de atribuir significados científicos para que haja uma progressão da enculturação científica na sala de aula. É importante que o professor de Ciências procure ter o domínio das linguagens específicas das Ciências, assim como ter a habilidade de sustentar uma discussão, oferecendo aos alunos condições para se arriscarem na argumentação, além de ser capaz de transformar a linguagem do cotidiano, trazida pelos alunos, em linguagem científica. Esse papel é fundamental na atuação do professor em sala de aula.

Sabemos existir um reconhecimento do valor do uso da discussão, argumentação, leitura e escrita para ajudar os alunos a construir entendimentos em Ciências (Yore, Bisanz e Hand, 2003). O fazer ciência não se encerra nos procedimentos usuais: retirar medidas, fazer observações, levantar hipóteses para ser testadas, interpretar dados, entre outros; mas vai além, também é fundamental para a atividade científica e, por consequência, para o ensino de Ciências a capacidade de o aluno debater suas ideias e escrever sobre o tema. Assim, não se poderia pensar em ensino e aprendizagem de Ciências sem pensar no ensino e aprendizagem da argumentação e da escrita. Só se aprende fazendo... dessa forma, só é possível aprender a argumentar e escrever sobre um fenômeno se é propiciado aos alunos esse momento de se experimentar e aperfeiçoar-se nessas modalidades de linguagem tão caras para a Ciência.

Vamos usar para o termo "argumentação" todo e qualquer discurso do aluno, no qual este apresente sua opinião sobre o fenômeno trabalhado, com suas descrições, suas ideias, suas hipóteses e evidências, suas justificativas e explicações para seus resultados obtidos durante o experimento.

Toulmin (2006) nos apresenta, de forma resumida, como o processo da argumentação é escrito na expressão: "se D (dados), então C (alegação ou conclusão)", podendo ser expandida em favor da imparcialidade para "dados do tipo D nos dão o direito de tirar as conclusões C (ou de fazer as alegações C)". Proposições estendidas desse tipo são chamadas garantias (W).

Para que o início do processo de enculturação científica aconteça, é fundamental que os alunos tenham contato e conhecimento de habilidades legitimamente associadas ao trabalho do cientista (Sasseron e Carvalho, 2008). O ambiente da sala de aula deve dar condições para que essas habilidades apareçam, e, quando ocorrer, passam a existir, então, os indicadores da enculturação científica.

Os indicadores podem surgir quando na investigação de um problema é necessário: organizar, seriar e classificar informações; fazer o levantamento e o teste de hipóteses; articular ideias ao fazer uso dos raciocínios proporcional e lógico, como requisito para argumentação e justificativa; explicar sobre o problema investigado; procurar por um modelo explicativo; e ter capacidade de previsão sustentada por meio das hipóteses, dos dados e/ou evidências levantadas.

O estudo a seguir ocorreu em uma escola pública em uma classe de alunos de 9 anos (4º ano do Ensino Fundamental). A professora de Ciências da classe acolheu a pesquisa e ministrou toda a sequência didática proposta com os alunos.

A sequência didática (SD) utilizada foi organizada por pesquisadoras e professoras do LaPEF. A SD tem por objetivo trabalhar com várias áreas das Ciências com base em atividades problematizadoras. Cada sequência é pensada para o período de um bimestre, levando em consideração uma carga horária de duas horas semanais com aulas de Ciências.

Para as autoras da SD, é fundamental que os alunos possam experimentar as situações problematizadoras por meio de atividades práticas. Ciência não se encerra no fazer, é necessário que os alunos possam discutir com seus pares para testar hipóteses e trocar ideias, assim como é fundamental para os alunos que o professor conduza uma discussão com toda a classe para ouvir o que foi feito, como foi feito e o porquê daquele jeito ter dado certo.

É na argumentação dos alunos que o professor pode tomar consciência das relações que são realizadas, das ideias trocadas e do conhecimento que seus alunos estão construindo a partir da atividade. Essa tomada de consciência do professor é possível por meio da argumentação oral ou escrita.

Para a realização das atividades da SD, "A submersão do Nautilus", a classe com trinta alunos foi dividida em seis grupos com cinco alunos cada.

Para este capítulo vamos apresentar a análise das participações de uma aluna nas três aulas estudadas da SD: aula 1, aula 2 e aula 6.

Analisaremos tanto as discussões orais quanto os registros escritos levando em consideração os seguintes aspectos: o uso da primeira pessoa do discurso (Oliveira, 2003); o uso de verbos de ação (ibidem); o respeito cronológico dos eventos (ibidem): início, meio e fim; uso de advérbios de tempo; uso de numerais; a estrutura do pensamento: modelo de Toulmin (Toulmin, 2006) e os indicadores da alfabetização científica (Sasseron e Carvalho, 2008).

A aula 1 tinha como desafio para os alunos a tarefa de fazer um protótipo de submarino afundar e flutuar em um balde de água. Os alunos em grupo realizaram seus testes, e após a experimentação nos pequenos grupos uma grande discussão ocorreu, tendo a professora como mediadora, para depois cada um produzir seu registro escrito sobre a atividade.

No episódio a seguir a professora encerrou o momento de experimentação e passou com os alunos para outro espaço da sala a fim de conduzir uma discussão com toda a classe sobre o que havia sido realizado até aquele momento.

Esse episódio apresenta a contribuição da aluna analisada na discussão com a classe e a professora. A análise a partir de agora será tanto da argumentação oral da aluna como de seu registro escrito, realizado no fim da aula.

TURNO	FALA TRANSCRITA	MODELO DE TOULMIN	INDICADORES DA ALFABETIZAÇÃO CIENTÍFICA
126	Professora: Nós vamos entrar na segunda parte da nossa aula. Primeiro vocês terminaram, experimentaram o material, fizeram coisas com as suas ideias. Levantem a mão para dizer, responder as coisas que eu vou perguntar. Tá bom? Primeiro eu quero saber (...) O como. Como é que vocês conseguiram resolver esse problema de fazer aquela garrafinha que a princípio estava vazia, né? Então colocava na água, ela estava flutuando, o que é que vocês fizeram para ela afundar e voltar a flutuar? [Professora faz o movimento levemente de cima para baixo]. Quer dizer, controlar o movimento daquela garrafinha. Como vocês fizeram isso? Emerson.		
127	Emerson: Professora, é (...) Primeiro nosso grupo [inaudível] (...) Precisa primeiro, é (...) Puxar a água, aí enche, dentro da garrafa, aí ela desce, e para tirar para subir, precisa puxar, colocar para dentro, para ela ficar vazia..		
128	Professora: Vamos combinar de deixar o colega falar, tudo o que ele tem a dizer, depois eu vou dar a palavra para cada um de vocês. Tá bom? Continuando então. Heloísa.		
129	Heloísa: É (...) Acho que eu ia falar a mesma coisa que ele.		
130	Professora: Diga com suas palavras, então, para a gente ver se era a mesma coisa mesmo.		
131	Heloísa: Para a garrafinha descer a gente tem que chupar no tubinho [faz movimentos como se tivesse chupando o canudo e representa com as mãos em forma oval o canudo], porque aí enche de água [levanta as mãos representado o volume da água], e a gravidade puxa a garrafa para baixo [movimenta as mãos para cima e para baixo], e para ela voltar temos que assoprar para dentro para água sair e ela ficar leve e subir. [demonstra com as mãos para cima e para baixo o movimento que a garrafinha faz].	Dado Justificativa Qualificador Conclusão	Raciocínio lógico Explicação Justificativa

Considerando o modelo de Toulmin, o pensamento da aluna pode ser assim exposto: *Para a garrafinha descer* (**dado**) *a gente tem que chupar no tubinho* (**justificativa**) *porque aí enche de água* (**então – termo modal**) *e a gravidade puxa para baixo* (**conclusão**). E em uma segunda afirmação: *Para ela voltar* (**dado**) *temos que assoprar para dentro* (**justificativa**) *para a água sair* (**então – termo modal**) *e ela ficar leve* (**qualificador**) *e subir* (**conclusão**). Percebemos uma organização e coerência no seu pensamento, mesmo que algumas estruturas não tenham sido utilizadas, para expor seu entendimento da atividade.

No registro escrito da aluna, ela iniciou sua explicação de forma clara e objetiva do fenômeno trabalhado, ainda que no fim do texto tenha feito uma troca entre o que fazer para o submarino subir e descer na água.

O objetivo era tentar fazer a garrafa descer e subir.
Para decer temos que sugagar assim entra água pelo cano do submarino e ele fica mais pesado e dece, para subir temos que assoprar para a água sair e ficar leve e assim ele sobe.
Nosso grupo já adivinhou de primeira que para subir é para sugar e para decer é para tenque assoprar. Tentamos um por um do seu jeito até que conseguimos. [Reprodução do texto da aluna.]

Observamos que a argumentação utilizada por Heloísa, na discussão com o grupo, apresentou características muito próximas daquela utilizada no registro escrito. Ela fez uso da mesma pessoa do discurso, a primeira pessoa do plural, o que nos leva a acreditar que o trabalho no grupo pequeno foi efetivamente um espaço de troca de ideias e construção de conhecimentos.

Os verbos de ação utilizados são semelhantes, no discurso oral Heloísa utilizou o verbo "chupar" no lugar de "sugar". Podemos afirmar que, de certa forma, ela refinou sua linguagem para o texto escrito, utilizando uma palavra mais apurada no discurso escrito.

Tanto no discurso oral como no texto escrito, Heloísa buscou manter uma ordem cronológica dos eventos ocorridos na aula, seguindo o movimento de fazer afundar para então fazer o submarino flutuar.

Quanto à estrutura do pensamento, podemos afirmar que Heloísa no registro escrito manteve-se coerente com sua participação oral na discussão com toda a classe. É possível reconhecer a estrutura do argumento, conforme o modelo de Toulmin, tanto na argumentação oral como no registro escrito.

Podemos observar o que aconteceram com algumas ideias que apareciam na discussão com seu grupo, em que ela, no turno 106, afirmava: "É a gravidade". Essa afirmação se manteve na discussão com a classe, como podemos ver no turno 131: "(...) e a gravidade puxa a garrafa para baixo", mas que desapareceu no texto escrito. Percebemos que houve um refinamento das ideias até chegar ao texto escrito e uma mudança no uso da palavra "gravidade", usada como uma ideia cotidiana; para uma palavra com teor científico, no caso da palavra "peso", usada em seu texto escrito.

O texto escrito por Heloísa está diretamente ligado com aquilo que falou durante a discussão, ela contribuiu com suas ideias no começo do debate, mas no restante da aula ficou ouvindo os outros alunos apresentarem as deles. Nesse sentido, observamos que o registro escrito da aluna está coerente com o que ela falou, mas que ela não foi capaz de colocar no seu texto escrito as ideias de seus colegas, as quais vieram posteriormente à sua participação na discussão.

Depois dessa análise, podemos afirmar que o registro escrito realizado por Heloísa está coerente com sua participação na aula. É um registro que cumpre com a finalidade de organizar os conhecimentos trabalhados na aula.

A aula 2 foi iniciada retomando o que se havia realizado na aula anterior, com a leitura compartilhada e comentada pelos alunos e pela professora de um texto que sintetizava o problema do submarino.

Ao fim desse texto, os alunos foram levados a discutir sobre como os peixes fazem para controlar sua posição no fundo do mar. Essa discussão ocorreu com a classe toda e em grupos pequenos. Após a troca de ideias sobre a questão, os alunos registraram suas conclusões individualmente.

TURNO	FALA TRANSCRITA	MODELO DE TOULMIN	INDICADORES DA ALFABETIZAÇÃO CIENTÍFICA
288	Professora: O que as guelras fazem pra ele conseguir ficar lá na posição que ele quer?		
289	Vicente: Quando ele abre sobe, e quando fecha desce.		
290	Professora: Quando ele fecha ele consegue afundar, ir mais pro fundo, quando ele abre ele sobe. Fala Laís.		
291	Laís: O rabo, quando vai pra um lado.		
292	Professora: Mas o que você acha que as nadadeiras fazem?		
293	Laís: Com o rabo.		
294	Professora: Foi com o rabo que você falou? E é com isso que eles conseguem. Fala Heloísa.		
295	Heloísa: Acho que, na verdade, é ao contrário, quando a gente entra na água e fica paradinho é como se a gente tivesse subindo. Eu acho que é a mesma coisa com o peixe, só que ele deve ter alguma coisa no corpo dele que deixa ele nadar assim.	Dado Justificativa Então Qualificador Conclusão	Organização de informação Levantamento de hipóteses Explicação

TURNO	FALA TRANSCRITA	MODELO DE TOULMIN	INDICADORES DA ALFABETIZAÇÃO CIENTÍFICA
296	Professora: Fala Alberto.		
297	Alberto: Eles respiram, eles respiram por aqui. Eles usam as brânquias debaixo da água.	Dado	Organização de informações
298	Professora: Acha que eles sobem pelas brânquias, fala Vera.		
299	Vera: É que eu já tive peixinho e eu vi que eles só flutuam quando estão mortos, e quando eles estão vivos eles só ficam debaixo d'água eles não sobem, só vai subindo a boquinha deles.		
300	Professora: E como é que eles fazem isso?		
301	Vera: Eles jogam água pra cima.		
302	Professora: Fala Guilherme.		
303	Guilherme: Eles respiram de cabeça pra baixo!	Dado	Organização de informações
304	Aluno (não identificado): Eles dormem de olho aberto!		
305	Professora: Fala Heloísa.		
306	Heloísa: Para eles subirem, eles têm que puxar a água pra baixo, (...) é igual ao barco quando a gente quer ir pra frente o cano vai pra trás e aí quando eles querem subir eles vão [inaudível] pra baixo.	Dado Justificativa Então Conclusão	Organização de informações Levantamento de hipóteses Raciocínio lógico Explicação

Analisando a estrutura de pensamento, conforme o modelo de Toulmin, podemos descrever da seguinte forma o pensamento de Heloísa no turno 295: *Quando a gente entra na água* (**dado**) *e fica paradinho* (**justificativa**) *é como se a gente tivesse subindo* (**então – termo modal**). E também: *Acho que é a mesma coisa com o peixe* (**dado**) *só que ele deve ter alguma coisa no corpo dele* (**qualificador**) *que deixa ele nadar assim* (**conclusão**). Heloísa realizou dois ciclos de pensamento em uma mesma fala. Nota-se que esses dois ciclos foram apresentados de forma incompleta, no que diz respeito às estruturas do pensamento apresentado pelo modelo em questão. Ainda, assim, ela procurou colocar um qualificador para suportar a conclusão por ela alcançada.

> O peixe usa suas asas para se mover e nadar. Quando o peixe fica parado ele não sai do lugar. Eu aicho que tem a vê com o movimento, o peso, o impusso e o ar.
> É mais ou menos igual ao submarino que fizemos que tem tudo a vê com a respirasão do peixe.
> [Reprodução do texto da aluna.]

Em um turno mais à frente da discussão, no turno 306, sua estrutura de pensamento foi apresentada da seguinte maneira: *Para eles subirem* (**dado**) *eles têm que puxar a água para baixo* (**então – termo modal**). *É igual ao barco* (**dado**) *quando a gente quer ir pra frente* (**justificativa**) *o cano vai pra trás* (**então – termo modal**). *E aí quando eles* [peixe] *querem subir* (**dado**) *eles vão* [inaudível] *pra baixo* (**conclusão**). Ela continuou não utilizando todas as estruturas presentes no modelo em sua fala. Nessa participação ela procurou utilizar a analogia, comparando o peixe com o barco, para exemplificar sua ideia de como o peixe se movimenta para cima e para baixo no oceano.

A aluna participou significativamente durante a discussão com a classe. Percebemos no seu registro escrito muitos indícios do que foi apresentado por ela na discussão.

A partir da comparação entre sua participação oral e o registro escrito nota-se que a participação de Heloísa na discussão foi mais completa, considerando-se a estrutura de pensamento do modelo de Toulmin, sua argumentação oral nos apresentou mais elementos da estrutura que seu texto escrito, ainda que a estrutura apresentada por ela não tenha contemplado todos os elementos do modelo citado.

Em compensação, no registro escrito observamos maior número de indicadores da alfabetização científica que na sua fala durante a participação na discussão.

Pode-se afirmar, portanto, que o registro escrito de Heloísa está compatível com sua participação na discussão com toda a classe. Seu registro nos mostra que ela não só falou, mas também estava atenta para a fala dos outros colegas durante o debate de ideias.

A aula 6 iniciou com a professora retomando uma pesquisa solicitada na aula anterior. A tarefa era pesquisar animais marinhos e suas características. Os alunos reuniram-se em grupos para trocar informações coletadas em casa sobre os animais pesquisados. Depois dessa discussão não houve um debate com a classe toda, cada aluno registrou individualmente as curiosidades que mais o impressionaram.

Nesse episódio os alunos estavam no início da socialização das informações. Heloísa apresentava um de seus animais e os demais alunos estavam atentos à sua exposição.

TURNOS	FALAS TRANSCRITAS	MODELO DE TOULMIN	INDICADORES DA ALFABETIZA-ÇÃO CIENTÍFICA
61	Heloísa: A garoupa é hermafrodita. É mulher e homem ao mesmo tempo [inaudível] ela primeiro é mulher e depois vira homem.	Dado Justificativa Então	Organização de informação Raciocínio lógico Explicação
62	Alberto: É traveco!		
63	Guilherme: Herma... o que?		
64	Heloísa: Hermafrodita.	Dado	Organização de informação
65	Alberto: É traveco e ponto final.		
	Alunos do grupo fazem anotações no verso da folha.		
66	Heloísa: Ela nasce fêmea e depois vira macho.	Dado	Organização de informação
	[Burburinho inaudível]		

Podemos organizar a fala de Heloísa, no turno 61, conforme a estrutura de pensamento do modelo de Toulmin, da seguinte forma: *A garoupa é hermafrodita* (dado). *É mulher e homem ao mesmo tempo* (justificativa) *ela primeiro é mulher e depois vira homem* (então – termo modal). Percebe-se que sua fala encontrava-se no início da estrutura do modelo, mas de forma bem organizada e de fácil entendimento. Heloísa, em sua fala, se esforçou para esclarecer para os colegas o termo "hermafrodita".

Nota-se que na participação oral Heloísa obteve mais indicadores da alfabetização científica do que no texto escrito. Isso se deve ao fato de ela ter participado de todos os episódios selecionados, em cada participação nos episódios foram observados pelo menos três indicadores, variando entre si, nas suas falas e contribuições.

Heloísa no texto escrito estruturou seu pensamento de forma diferente do que vinha fazendo nos registros analisados anteriormente. Ela iniciou com sua ideia sobre o assunto e depois contrapôs com a informação adquirida em sua pesquisa ou na do colega. Dessa forma, em seu texto escrito, percebemos seu pensamento no elemento REFUTAÇÃO, o que não havia ocorrido até então.

O registro escrito, realizado por Heloísa, poderia ter mais elementos argumentativos diante de sua participação efetiva nas discussões. Assim, acreditamos que sua participação oral foi superior a seu registro escrito dessa aula, ainda que em seu registro tenhamos observado elementos circulados no grupo que não vieram da sua pesquisa, mas das dos colegas.

Dizem que a Orca é uma baleia mas ela é um golfinho grande. A garoupa é um peixe que é ermafrodita seqüencial, ou seja, nace fêmea e depois vira macho. Eu achava que qualquer tartaruga era pequena mas a tartaruga de couro mede cerca de 3 m e pode atingir até 700 kg e a tartaruga bota 100 ovos mas de 2 a 5 conseguem sobreviver. [Reprodução do texto da aluna.]

Considerações finais

As três aulas analisadas, apesar de se assemelharem por conter em sua dinâmica discussões entre os alunos com posterior registro escrito sobre a atividade, diferenciam-se quanto à proposta que iniciou cada discussão. Essa diferenciação de encaminhamento para iniciar a discussão foi relevante no modo como esta transcorreu e na participação dos alunos.

Observamos que a aula mais participativa foi a primeira: os alunos tinham de contar sobre uma experiência vivenciada pelo grupo momentos antes da discussão coletiva. Tanto na aula 2 como na 3, a maioria dos alunos participou das discussões, ainda que essas participações tenham sido mais pontuais e menos refletidas.

Heloísa, em duas aulas, teve uma mesma qualidade entre o registro escrito e sua argumentação oral, e em uma das aulas seu registro teve menor qualidade em detrimento da argumentação oral. Cabe destacar que Heloísa foi a aluna que mais teve participação oral durante as três aulas analisadas e sua capacidade de argumentação oral é nitidamente mais desenvolvida que a de seus colegas. Na maioria das vezes, em seus registros escritos, ela conseguiu também expressar essa capacidade argumentativa.

Observamos que os alunos apresentaram melhor desempenho oral em relação à escrita, ou que pelo menos apresentaram um nível qualitativo igual entre sua fala e seu registro escrito. Nota-se também que os alunos que não participaram das discussões não conseguiram produzir registros completos da atividade realizada na aula.

Para alguns alunos, escrever demanda um esforço cognitivo muito maior, sendo que muitos alunos ainda não estão prontos a empreendê-lo, como afirmou Oliveira (2003); ou seja, a linguagem escrita exige uma carga cognitiva maior na sua execução que a linguagem oral.

Podemos afirmar que a discussão oral ajuda os alunos no momento do registro escrito sim, pois, na maioria dos registros escritos analisados, observamos que a discussão teve o importante papel de socializar informações e de aumentar o conhecimento sobre o tema estudado entre os alunos.

Os registros escritos daqueles que participaram efetivamente na discussão tiveram elementos argumentativos superiores, ou pelo menos iguais, aos da discussão oral. Constatamos que a fala pode ser uma importante mediadora entre o pensamento e a escrita. Sendo assim, o trabalho em grupos pequenos, durante uma discussão, torna-se um facilitador para os alunos no momento de registrar seu pensamento por escrito *a posteriori*.

Percebemos que as ideias circuladas durante a discussão aparecem no registro escrito da atividade de muitos alunos. Mesmo aqueles que não participaram nas discussões, seja nos pequenos grupos ou coletivamente, inseriram em seus registros escritos ideias discutidas durante o debate, ainda que seus registros não tenham sido completos com informações do que ocorreu durante a aula.

Observamos que, ao trabalhar individualmente, nos registros escritos, os alunos necessitam de uma base maior de conhecimentos; dessa forma a discussão anterior ao registro escrito é fundamental para socializar ideias, até mesmo para aqueles que não participaram dando suas contribuições, mas que se faziam atentos às contribuições dos colegas.

Podemos afirmar que o registro escrito mais completo foi realizado por quem mais participou com suas contribuições nas discussões. Nesse caso, quem apresentou mais contribuições orais e com mais elementos argumentativos durante as discussões, a aluna Heloísa, foi quem também apresentou um registro escrito com mais elementos argumentativos quando comparado com quem pouco participou ou não participou das discussões. Observamos, assim, a importância do papel da escrita em organizar e refinar as ideias discutidas durante o debate com seus pares e professor.

Averiguamos que a produção do conhecimento científico envolve a capacidade de observar um fenômeno e pensar nele em busca de uma explicação. As propostas feitas para os alunos devem conter elementos que os estimulem a procurar explicações, ainda que a atividade não seja essencialmente prática.

Também cabe ressaltar a importância do papel do professor em momentos de discussão, no intuito de se ter um mediador para acompanhar o pensamento dos alunos e lançar questões próximas a esse pensamento debatido no momento pelos alunos para, assim, aumentar as condições de avanço desse conhecimento trabalhado. É fundamental que o professor crie um ambiente argumentativo na sala de aula que permita aos alunos se sentirem seguros a dar suas contribuições e enriquecer os temas em pauta, possibilitando o aumento de conhecimento sobre ele, mesmo para aqueles alunos que não se expressam por meio da fala.

Não podemos desconsiderar os tipos de participação em uma discussão. Existem alunos que participam falando e ouvindo, e há aqueles que o fazem ouvindo os colegas e o professor. Os alunos que não contribuem com suas opiniões oralmente podem estar acompanhando mentalmente as opiniões dos colegas e também estar se reorganizando em pensamento para as questões debatidas, como observamos nos dados da presente pesquisa.

Quanto mais atividades forem planejadas para as aulas de Ciências com momentos de problematizações, sejam elas práticas ou não, e preverem momentos de discussão e registro escrito do que foi realizado, mais experientes esses alunos estarão em um contexto de investigação científica e, por conseguinte, mais alfabetizados cientificamente.

Comprova-se a importância de os professores possibilitarem a seus alunos momentos de troca de informações e registros escritos delas, pois somente dessa forma, será dada a oportunidade para que todos, a seu modo, organizem e sistematizem os conhecimentos trabalhados nas aulas de Ciências. Aulas em que os alunos têm a possibilidade de refletir sobre um problema e discutir sobre as soluções desse problema são proveitosas para todos, até mesmo para os que não participam diretamente dando suas opiniões para o grupo.

Referências bibliográficas

CARVALHO, A. M. P. Uma metodologia de pesquisa para estudar os processos de ensino e aprendizagem em salas de aula. In: SANTOS, F. M. T.; GRECA, I. A. (Orgs.). *Pesquisa em ensino de ciências no Brasil e suas metodologias.* Ijuí: Unijuí, 2006. p. 13-48.

HODSON, D. In search of a meaningful relationship: An exploration some issues relating to integration in science and science education. *International Journal of Science Education*, v. 14, n. 5, p. 541-566, 1992.

OLIVEIRA, C. M. A. *Escrevendo em aulas de Ciências.* São Paulo, 2003. Dissertação (Mestrado) – Faculdade de Educação, Universidade de São Paulo.

SASSERON, L. H.; CARVALHO, A. M. P. Almejando a alfabetização científica no ensino fundamental: A proposição e a procura de indicadores do processo. *Investigações em Ensino de Ciências* (UFRGS), v. 13, p. 333-352, 2008.

TOULMIN S. E. *Os usos do argumento.* São Paulo: Martins Fontes, 2006. (Originalmente publicado com o título *The use of arguments*, em 1958)

YORE, L. D.; BISANZ, G. L; HAND, B. M. Examining the literacy component of science literacy: 25 years of language arts and science research. *International Journal of Science Education*, v. 25, n. 6, p. 689-725, 2003.

YORE, L. D.; HAND, B. M.; FLORENCE, M. K. Scientists' views of science, models of writing, and science writing practices. *Journal of Research in Science Teaching*, v. 41, n. 4, p. 338-369, 2004.

5
Ciências e leitura: um encontro possível

Luciana Sedano

É indiscutível a importância da aprendizagem e do trabalho com leitura em sala de aula. Durante muito tempo a tarefa de *formar o leitor* foi delegada apenas aos cursos de linguagem ou, mais especificamente, à disciplina de Língua Portuguesa. Ao entendermos a leitura como uma prática importante para a formação dos nossos alunos, ampliamos sua relevância para o trabalho em todas as disciplinas. Assim, a formação do leitor autônomo e competente tem sua ascendência no curso de Língua Portuguesa, porém é uma tarefa de todas as áreas.

Defendemos, neste texto, a importância de propostas de leitura no curso de Ciências e a importância de um curso de Ciências bem fundamentado para viabilizar o trabalho com a leitura. É assim: o objetivo de formar o leitor autônomo e competente deve estar pareado com uma metodologia de ensino que busque a formação tanto da autonomia como da competência intelectuais.

A aprendizagem da leitura é um processo individual e, como tal, pode ser aperfeiçoado ao longo da vida. Antes de ingressar na escola, o indivíduo já realiza leitura(s), mesmo que não interaja com o código escrito, pois desde muito novo começa a observar, antecipar, interpretar e interagir, dando significado a seres, objetos e situações que o rodeiam. E são essas as mesmas estratégias de busca de sentido que ele utilizará para compreender o mundo letrado.

A formação de leitores autônomos e competentes é uma meta presente em diferentes sistemas educacionais e almejada nas diversas disciplinas escolares. Nos primeiros anos do Ensino Fundamental (EF), a formalização do processo de leitura se dá com a construção de outros conceitos presentes nas áreas de conhecimento.

O entendimento sobre a concepção de leitura pode variar de acordo com o contexto, a linha de pesquisa ou a área de conhecimento. Apesar da variação, a maioria das vertentes teóricas a considera um caminho inquestionável para o saber e para o desenvolvimento do pensamento; há concordância também na importância da compreensão do significado de algo que se lê (Santos, Suehiro e Oliveira, 2004).

Ler significa conhecer, nomear, escolher, desenredar, interpretar. Ler significa diferenciar entre as ideias defendidas pelo autor, pelo texto lido, as mais pertinentes, significativas e sugestivas para cada leitor. Por meio da leitura podemos aumentar e aprofundar conhecimentos sobre determinado campo cultural ou científico, ampliar nosso vocabulário pessoal e, em consequência, interferir na reflexão e construção do discurso.

O processo de leitura completa-se ao construir significados com base no texto. Isso se dá pela interação dos diferentes elementos do texto com os conhecimentos do leitor. Quanto maior for a interação, maior a probabilidade de êxito na leitura. Aprender é para cada indivíduo um processo social de construção dos significados em suas conjunções e interações com os conceitos, os indivíduos e o mundo a seu redor.

Para aprender a ler cada indivíduo necessita que seja construída uma representação adequada dos objetivos da leitura, assim como a ação de ler em si. É necessário também cognição e ponderação sobre os processos de aquisição. Nesse sentido, ao mesmo tempo que o indivíduo aprende a ler, deve aprender a aprender a ler (Solé, 1998; Boruchovitch, 2001).

O comportamento de leitura como atividade cognitiva e cultural serve de mediador para a ocorrência de novas aprendizagens e, para que ocorra, o ato de ler deve ser compreendido como um ato social. A relação entre o autor e o leitor é social e, como tal, carregada de singularidades e significados.

A leitura contextualizada, com objetivos bem-definidos e função social, é viabilizada a partir de cursos e respectivas propostas pedagógicas apoiados no protagonismo do aluno como construtor de seu conhecimento. Assim, em aulas de Ciências que têm por objetivo a problematização e o ensino por investigação, o texto exerce a função de aproximar o aluno dos conceitos científicos.

De acordo com o que foi estudado sobre a importância e as características da leitura, além da aproximação com o procedimento da leitura, pode-se afirmar que o texto, quando inserido no ambiente do *fazer Ciência*, provoca o educando a refletir sobre a discussão proposta, pensar criticamente, tomar posição com base na relação com o que é apresentado no texto e seus conhecimentos prévios. De acordo com Nigro (2007), "hoje em dia acreditamos que os textos possibilitam mais que unicamente a "transmissão de mensagens predefinidas: eles são vistos como recursos que estão intrinsecamente relacionados ao pensamento e à cognição".

Além da experimentação e do consequente estudo dos fenômenos científicos, a proposta de ensino de Ciências que defendemos também tem por objetivo valorizar os textos escritos, seja pela possibilidade da interação leitor-texto-

-autor, seja pela valorização da prática profissional dos próprios cientistas que precisam recorrer à pesquisa bibliográfica para a validação de seus estudos.

Em sua pesquisa sobre leitura e compreensão leitora, Solé (1998) defende, entre outras coisas, que não basta ensinar a ler se não ensinarmos as estratégias para compreensão do que é lido. A autora nos apresenta algumas estratégias que podem ser trabalhadas em sala de aula para viabilizar a compreensão leitora. São elas: formular previsões sobre o texto a ser lido; formular perguntas sobre o que foi lido; esclarecer possíveis dúvidas sobre o texto e resumir as ideias do texto.

Em relação ao ensino de Ciências, tanto a leitura como a escrita são ligadas à própria natureza da Ciência, à própria aprendizagem da Ciência (Norris e Phillips, 2003).

Outro aspecto considerável para a discussão sobre a importância da leitura é a motivação do leitor diante da proposta do texto. O interesse da leitura consiste em que o material proposto possa oferecer desafios ao aluno. Trata-se de conhecer e levar em conta o conhecimento prévio do leitor com relação ao texto em questão e oferecer ajuda necessária para que possa construir um significado apropriado a respeito. Também é preciso considerar que há situações de leitura mais motivadoras que outras; por exemplo, a prática da leitura fragmentada, ou sem uma proposta ou questão problematizadora, pode ser adequada para trabalhar a "técnica da leitura" ou a pura decodificação, porém não representa desafio cognitivo ou caminho para a discussão e compreensão do texto. Isso porque "[...] a compreensão dependerá das relações que o leitor estabelece com o autor durante a leitura do texto" (Kleiman, 2004).

Há que se ressaltar que a leitura sempre envolve a compreensão do texto escrito e que essa compreensão se dá na construção do leitor a partir de seus conhecimentos prévios.

De fato, um leitor competente tem desenvolvidas habilidades variadas, desde a decodificação de palavras, frases e parágrafos, que definem o processo de alfabetização, até a escolha das melhores estratégias de leitura, retenção e avaliação do conteúdo lido, realização de inferências e utilização adequada da informação aprendida, o que possibilitará a real compreensão do texto (Boruchovitch, 2001).

Para aprender as diferentes estratégias de compreensão leitora, é importante que a escola explore os conhecimentos dos alunos sobre o texto escrito. A aprendizagem da leitura é diferente de outros procedimentos ou conceitos. Exige que o indivíduo possa dar sentido ao texto, relacionando-se com ele, por meio de instrumentos cognitivos. A escola pode transformar a leitura em um desafio apaixonante e cheio de emoções. A relação leitor-texto pode ser construída com a intervenção do professor de muitas maneiras: proporcionar aos alunos situações de leitura simultaneamente efetivas e diversificadas; ajudar os alunos a interrogar o texto, procurar sentido, levantar hipóteses e verificá-las por meio da leitura; e ajudar os alunos a elucidar suas próprias estratégias de leitura.

A seleção dos textos a serem trabalhados na escola corresponde a diferentes concepções de aprendizagem de compreensão leitora, das funções do texto, das representações do desenvolvimento socioafetivo dos alunos, entre outros. Os textos devem abranger uma diversidade de gêneros, pois o contato com uma diversidade de textos permite que o aluno conheça diferentes estruturas textuais, amplie seu vocabulário e enriqueça sua produção textual.

Os conceitos previstos para as aulas de Ciências podem ser incorporados em práticas pedagógicas motivadoras e eficientes, e tais práticas podem ser acompanhadas de textos que proponham aos alunos a sistematização dos conteúdos trabalhados, a retomada de conceitos tratados nos experimentos e a compreensão, propriamente dita, desses conceitos. Assim, é possível aos alunos compreender o que leem nas aulas de Ciências.

Ciências e leitura: culturas que interagem em sala de aula

Como podemos estruturar um curso de Ciências que fomente a compreensão leitora? Como os textos podem ser inseridos em um curso de Ciências a fim de suscitarem a compreensão de conceitos científicos?

Nesse momento foram unidos dois temas educacionais de suma importância: o ensino de Ciências e a leitura. Nos dias atuais é indiscutível a deferência desses dois objetos nas discussões e estudos não só da educação, mas da própria formação da sociedade.

No que diz respeito ao ensino de Ciências, cabe destacar a importância de enxergar essa área de conhecimento como uma cultura, ou seja, a cultura científica. Ao assumir essa linha teórica, acredita-se que o ensino de Ciências deva ser repensado e reorganizado para que possa promover a enculturação científica.

A pertinência da união dos dois temas – ensino de Ciências e leitura – se justifica também porque, se adotarmos como premissa o ensino de Ciências como agente da enculturação científica, entendemos a leitura como parte importante da cultura científica. Ora, se a Ciência é uma área de conhecimento e possui sua própria cultura, e tendo em vista que é na escola (ambiente sociocultural) que se dá a sistematização e a formalização dos conhecimentos científicos, podemos afirmar que o ensino de Ciências pode ter como opção metodológica o processo de enculturação científica.

Adotamos o conceito de *enculturação científica*, pois acreditamos que o aluno pode se envolver com ações e práticas semelhantes às dos cientistas para construir seus conhecimentos, apropriando-se, assim, de aspectos da cultura científica e traçando seus conhecimentos.

Temos a oportunidade de oferecer aos alunos um currículo de ensino de Ciências que promova a enculturação científica por meio de atividades desafiadoras, experimentos a partir de questões problematizadoras, leitura, discussão e escrita, tendo os conceitos científicos como base para as aulas e construção das explicações causais dos fenômenos estudados.

Em consonância com o ensino de Ciências por investigação e com a importância da leitura, vamos apresentar, em linhas gerais, uma Sequência de Ensino Investigativa (SEI, explicada no Capítulo 1) para o ensino de Ciências no 4º ano do Ensino Fundamental (EF).

A partir das pesquisas realizadas no LaPEF sobre as atividades de conhecimento físico, e principalmente após a publicação do livro *Ciências no Ensino Fundamental: O conhecimento físico* (Carvalho et al. 1998), o grupo de pesquisadores do LaPEF viu-se engajado em diferentes programas de formação de professores, especialmente na rede pública de ensino. Diante da aceitação da metodologia das atividades de conhecimento físico, pelos profissionais da educação, e da proposta de aprofundamento das pesquisas sobre o ensino de Ciências para os primeiros anos do Ensino Fundamental, o LaPEF, por meio do projeto "Física no Ensino Fundamental", produziu uma série de quinze vídeos sobre as atividades de conhecimento físico nas aulas de Ciências do Ensino Fundamental.

A cada projeto de formação continuada, nos momentos de discussão e reflexão, os professores apresentavam aos formadores a satisfação com a qualidade das aulas levando-se em conta a metodologia das atividades de conhecimento físico, porém questionavam e solicitavam o que eles chamavam "continuidade para o trabalho". Tais profissionais pediam que os conceitos trabalhados em cada atividade de conhecimento físico pudessem ser mais aprofundados com textos e atividades de sistematização; soava aos pesquisadores a demanda de um curso de Ciências para o Ensino Fundamental que tivesse como cerne os princípios da metodologia das atividades de conhecimento físico.

Dessa forma, um grupo de pesquisadores do LaPEF aliou o conhecimento teórico e a experiência profissional que possui em ensino nos primeiros anos de escolarização fundamental, a pedido dos professores, e criou-se sequências didáticas para o ensino de Ciências. Tais sequências têm por filosofia de trabalho uma proposta de ensino com base na investigação, problematização, levantamento e teste de hipóteses, experimentação, trabalho em grupo, registro – escrito e por desenho – das ideias, e na pesquisa e socialização dos dados; enfim, essas SEIs são uma resposta aos pedidos dos professores e contradizem as propostas didáticas para ensino de Ciências que, ainda, privilegiam a quantidade de "conteúdos passados". Trata-se de aliar o experimento científico ao trabalho em grupo e à sistematização do conhecimento com textos e atividades teóricas.

Uma sequência de ensino investigativa que contempla a compreensão leitora

A título de exemplo, apresentaremos, em linhas gerais, o trabalho de leitura desenvolvido em uma turma de 4º ano do Ensino Fundamental, durante a aplicação da SEI "A submersão do Nautilus" (Carvalho et al. 2011).

A SEI parte da proposta de um problema físico, "O problema do submarino"; discute o funcionamento do submarino; relaciona-o ao mecanismo dos peixes para afundar e flutuar; propõe um estudo sobre as zonas de profundidade dos oceanos e mares, e as consequentes características dos seres vivos que lá habitam; trabalha com a história dos submarinos; e encerra com a lenda de Atlântida, o reino perdido.

Além de trabalhar com Física, a SEI também aborda temas relacionados à Biologia, Geografia, História e Literatura, tratando, assim, a relação entre diferentes conceitos de diversas áreas de ensino como um dos objetivos da própria SEI, criar um curso para os primeiros anos do Ensino Fundamental, nos quais as aulas de Ciências não ficam encerradas em si mesmas.

A escrita dos textos, a organização dos conteúdos, a seleção e o encadeamento das atividades propostas na SEI tinham como embasamento o ensino de Ciências por investigação. A SEI deve favorecer a construção do conhecimento científico a partir do engajamento do aluno, para que na relação com seus pares mediada pela professora possa fazer e compreender ciência. Construir uma SEI sob esses princípios é uma escolha, como nos explica Lerner (2002):

> Decidir quais serão os conteúdos que devem ser ensinados implica em se fazer uma verdadeira reconstrução do objeto. Trata-se de um primeiro nível de transposição didática: a passagem dos saberes cientificamente produzidos ou das práticas socialmente realizadas para os objetos ou práticas a ensinar. [...] Os propósitos educativos cumprem um papel fundamental como critério de seleção e hierarquização dos conteúdos.

Os pequenos grandes sinais que surgem na aula

Muitas vezes olhamos para as ações presentes no cotidiano de sala de aula como corriqueiras. Diferentemente disso, cada ação corrente no dia a dia da escola, cada ideia discutida ali abre ao professor e ao pesquisador em educação uma série de possibilidades de observação, estudo e pesquisa sobre o ensino e a aprendizagem. Entendemos, assim, o cotidiano de sala de aula como campo fértil de criação, com suas múltiplas possibilidades.

Em uma sala de aula do 4º ano do Ensino Fundamental, de uma escola pública da cidade de São Paulo, buscou-se, no decorrer da pesquisa, investigar algumas singularidades presentes nas aulas de Ciências, durante as discussões sobre as leituras realizadas. Nessa turma de 4º ano foi aplicada a SEI "A submersão do Nautilus".

A SEI possui aulas com propostas de leitura, seja de textos de sistematização dos conceitos trabalhados, ou textos de conclusão de pesquisas e/ou que introduzem algum conceito novo relacionado ao que foi pensado em sala de aula. A cada proposta de leitura, a professora orientou os alunos a grifar o que julgavam as informações mais importantes do texto.

Depois da leitura individual e grifos das ideias principais de cada texto da SEI, a professora iniciou uma discussão coletiva, e incentivou os alunos a contar o que haviam grifado e o porquê da referida seleção.

As propostas de leitura da SEI tinham por objetivo sistematizar, apresentar ou problematizar alguns conceitos. O trabalho de leitura foi proposto pela professora aos alunos solicitando que grifassem o que achavam mais importante no texto e explicando para eles, em diferentes momentos da aula, a diferença entre as informações essenciais e as periféricas em um texto importante. Vale pontuar que, apesar de usual no meio acadêmico e constante procedimento de leitura, o ato de *grifar o que achou mais importante* é uma habilidade a ser conquistada pelos alunos e, como conhecimento, também deve ser aprendida. Para os grifos, os alunos foram orientados a usar caneta marca-texto, caneta colorida ou lápis de cor.

Chamamos "pequenos grandes sinais" alguns indícios que aparecem em sala de aula e que elegemos, a partir da bibliografia estudada, como representativos da compreensão leitora. Para destacar tais indícios, nos pautamos na teoria de Ginzburg (1989) sobre *o paradigma indiciário*.

O paradigma indiciário (Ginzburg, 1989) é um modelo de análise que se preocupa com o particular, o singular, com pistas, indícios, com os sinais peculiares que caracterizam a singularidade de cada objeto.

A singularidade dos dados deve ser considerada e analisada como pistas para algumas investigações científicas. Aqui nos deteremos a apontar alguns indícios de compreensão leitora presentes na sala de aula. Pretendemos chamar a atenção para um novo olhar ao fenômeno estudado. Ao observar a sala de aula e os alunos em situação de leitura, contemplamos alguns sinais dados que não são captados diretamente e só serão apreendidos se nosso olhar voltar-se à singularidade.

Como estudamos a compreensão leitora, encontramos no paradigma indiciário a sustentação teórica para tratar com singularidade os destaques realizados pelos alunos na busca das ideias principais do texto. Buscamos também indícios nos momentos em que os alunos explicam o material grifado no texto.

Buscar e valorizar a singularidade do material estudado permite também que o olhar para a sala de aula não se baseie apenas na descrição das ações ali encontradas.

Entendemos o destaque no texto realizado pelo aluno como um evento singular, de ocorrência única. A discussão em sala de aula, também singular e como evento sem a possibilidade de ser repetida, apresenta sua singularidade.

A busca pelas singularidades

Ao acompanhar a aplicação da SEI "A submersão no Nautilus" em uma sala de aula do 4º ano do EF, estudamos os grifos realizados pelos alunos no texto. Tais destaques configuraram sinais, indícios, sintomas, ou seja, caracterizaram a singularidade do material estudado, a fim de observarmos se os alunos conseguiram elencar a(s) ideia(s) principal(is) do texto.

A SEI partiu de um problema físico a ser resolvido pelos alunos em pequenos grupos, o problema do submarino (Carvalho et al., 1998). Após a resolução do problema, os alunos discutiram, coletivamente, sobre "como" fizeram para solucionar o problema apresentado e "por quê"? conseguiram resolvê-lo. A SEI prevê um texto de sistematização dos conceitos trabalhados e discutidos pelos alunos; o objetivo é proporcionar ao aluno mais uma oportunidade de tomada de consciência sobre o trabalho desenvolvido e os conceitos científicos ali envolvidos.

Na sala de aula estudada, os textos foram distribuídos aos alunos com a orientação para que lessem com atenção e grifassem o que julgavam ser as informações mais importantes. Observamos a seleção de informações no texto pelos alunos sob duas frentes: a *análise do texto como um todo* e a *análise das ideias consideradas principais pelos alunos e destacadas.*

No estudo do que intitulamos *análise do texto como um todo*, ao olhar para os grifos realizados pelos alunos analisamos se cada aluno: grifou todo o texto (não selecionou informações); não grifou a ideia principal (grifou o que não tinha relação com a ideia principal); grifou um ou mais parágrafos que continham ideia(s) principal(is) e informações (mais periféricas) pouco relacionadas às ideias principais; grifou parágrafos com ideia(s) principal(is) e outras informações que fazem referência à(s) ideia(s) principal(is); ou grifou uma ou mais ideias principais (não grifou nada a mais).

Para a segunda parte da análise dos destaques, ou seja, *as ideias consideradas principais pelos alunos e destacadas*, separamos as ideias principais de cada texto trabalhado na SEI e observamos se tais ideias são contempladas nos grifos realizados pelos alunos. Para tal estudo, analisamos:

Quadro 1 – Categorias de análise dos grifos realizados pelos alunos

0	não grifou a ideia principal e/ou grifou o que não tinha relação com a ideia principal;
1	grifou o parágrafo contendo a ideia principal e informações (mais periféricas) pouco relacionadas à ideia principal;
2	grifou o parágrafo com a ideia principal e outras informações que fazem referência à ideia principal;
3	grifou o(s) parágrafo(s) que continha(m) a ideia principal;
4	no parágrafo, destacou a ideia principal.

Utilizamos as categorias listadas anteriormente para analisar cada texto estudado pelos alunos em relação a cada ideia principal. Entendemos que cada texto possui determinado número de ideias principais e denominamos, assim, os trechos do texto que definem e/ou explicam os conceitos importantes para aquele momento da SEI. Como exemplo de análise, podemos ter um aluno que não grifou a primeira ideia principal e grifou o parágrafo que continha outra ideia principal. Assim, para o mesmo texto, o aluno abordou a categoria zero para uma ideia e a categoria três para outra.

Para cada texto analisado, além de os alunos grifarem o que julgaram mais importante, após a leitura, a professora foi orientada a realizar uma discussão coletiva do texto para que os alunos pudessem apresentar o que grifaram e explicassem por que determinados trechos do texto mereceram destaque. Analisamos a fala desses alunos, buscando a compreensão leitora a partir dos indícios, se o(a) aluno(a): identifica as ideias principais do texto; relaciona as ideias do texto com outras trabalhadas em aula; aplica as ideias do texto em discussões posteriores; e/ou relaciona as ações realizadas na(s) aula(s).

As singularidades encontradas: alguns exemplos

Vamos demonstrar alguns recortes das aulas pesquisadas a fim de ilustrar tanto os grifos realizados pelos alunos quanto a justificativa apresentada por eles no momento de discussão coletiva.

Chamamos de singularidades os elementos que nos dão sinais da compreensão leitora.

A título de exemplo, apresentaremos a análise da segunda leitura realizada na SEI. Dos 30 alunos que pertencem a essa turma, 28 participaram da aula. Desses 28 alunos, 2 grifaram todo o texto, 14 grifaram um ou mais parágrafos que continham ideia(s) principal(is) e informações (mais periféricas) pouco relacionadas às ideias principais e 12 grifaram parágrafos com ideia(s) principal(is) e outras informações que fazem referência à(s) ideia(s) principal(is). Os 2 alunos que grifaram todo o texto demonstram que não selecionaram informações.

Os outros 26 alunos destacaram as ideias principais do texto. A diferença aconteceu no que os alunos destacaram a mais, ou seja, alguns grifaram outras ideias referentes à principal enquanto outros grifaram ideias menos relacionadas às principais.

Nesse exercício de leitura não tivemos alunos que grifaram apenas as ideias periféricas do texto. Até o momento entendemos que no texto, como um todo, os grifos dos alunos em sua maioria contemplaram as ideias principais. Atentaremos adiante para o exercício de seleção, seja na hora de analisar os grifos de cada ideia principal ou no momento de discussão em sala de aula.

Com base nos grifos realizados no texto, observamos que os alunos contemplaram as ideias principais em seus destaques. Chamamos a atenção aqui para a incidência maior de grifos de acordo com a categoria 2. Assim, nesse texto, os alunos destacaram o parágrafo com a ideia principal e outras informações que também fazem referência à ideia. Analisaremos a partir desse momento a discussão sobre a leitura do texto em sala de aula.

Assim que encerraram a leitura individual do texto, a professora abriu a discussão para os alunos relatarem suas apreciações sobre a leitura realizada:

Professora: cada um sabe o que fez, não precisa ficar falando. Nós vamos fazer um exercício para colecionar mais informação tá bom... Mas eu quero que vocês me digam o seguinte... o título do texto é: "você já notou o que há de diferente nos tipos de peixes?" Sobre o que fala esse texto? (aula 03)

Nessa aula, a professora centralizou a discussão no assunto do texto. Os alunos não foram convidados a reler o que tinham grifado, mas fizeram referência à leitura durante a discussão coletiva. Na fala transcrita abaixo, a professora relembra aos alunos que destacar a informação importante não é pintar o texto todo:

> **Professora**: em falar nisso a gente vai falar um pouquinho desse linguado, aliás eu tenho percebido, cês tão gastando tempo pra pintar todo o texto, é pra gente destacar as coisas importantes, pra quando bater o olho ver e falar: "– ô professora é sobre tal coisa deve estar por aqui", mas se grifar o texto todo... continua tudo igual tudo junto, destacar o texto inteiro. (aula 03)

No quadro a seguir mostramos parte da discussão dos alunos sobre a leitura:

Quadro 2 – Episódio de ensino analisado

TURNO	FALAS TRANSCRITAS	SOBRE A SELEÇÃO DE INFORMAÇÕES NO TEXTO (QUAIS IDEIAS FORAM DESTACADAS)	INDÍCIOS DA COMPREENSÃO LEITORA
23	Professora: Isso explica o movimento do peixe, como controla sua posição, o Guilherme falou de como os peixes vivem (...) a Heloísa falou como o Amaral disse que o texto fala como é que o peixe controla sua posição no oceano e aí ela já deu uma pista, ela falou que têm diferentes tipos de peixes e diferentes formas de controlar. Que mais, fala Alberto.		
24	Alberto: A mesma coisa (...)		
25	Professora: A mesma coisa (...)		
26	Nilton: Que existem vários tipos de peixes (...)	Ideia principal I	Identifica as ideias principais do texto
27	Professora: E o que esse texto tem a ver com a nossa última aula, gente?		
28	Heloísa: Deixa eu pensar como que eu falo (...) ah, já sei (...) é assim: tem alguns peixes haaa não sei.		
29	Professora: Guilherme		
30	Professora: Não? Fala Valdir.		
31	Valdir: Fala de um negócio que tem nele (...) que ele solta um líquido assim né (...) faz ele ficar mais leve que a água aí ele sobe.	Ideia principal IV	Identifica as ideias principais do texto Aplica as ideias do texto em discussões posteriores
32	Professora: Fala Vera		
33	Professora: Não?		

TURNO	FALAS TRANSCRITAS	SOBRE A SELEÇÃO DE INFORMAÇÕES NO TEXTO (QUAIS IDEIAS FORAM DESTACADAS)	INDÍCIOS DA COMPREENSÃO LEITORA
34	Professora: Fala Heloísa.		
35	Heloísa: Os peixes cada um tem um jeito diferente de ser (...) fala que alguns têm uma bexiga dentro deles que enche e esvazia (...) pera aí deixa eu ver no texto (...) que os peixes são diferentes.	Ideia principal I Ideia principal IV	Identifica as ideias principais do texto
36	Professora: Pera aí, deixa eu só ouvir mais o Amaral.		
37	Amaral: Que cada peixe tem uma característica?	Ideia principal II	Identifica as ideias principais do texto

Na seleção de informações no texto, Alberto e Valdir grifaram um ou mais parágrafos que continham ideia(s) principal(is) e informações (mais periféricas) pouco relacionadas às ideias principais.

Reconhecemos indícios da compreensão leitora nos turnos 26, 31, 35 e 37. No turno 26, Nilton identifica em sua fala a ideia principal I. Tal ideia foi grifada por ele de acordo com a categoria 2, conforme explicado anteriormente. O indício de compreensão leitora que entendemos nesse turno é a identificação das ideias principais do texto. A mesma ação acontece no turno 31, no qual a fala de Valdir faz menção à ideia principal IV. Nesse mesmo turno, Valdir aplica as ideias do texto em discussões posteriores ao afirmar: "Faz ele ficar mais leve que a água e sobe". Apesar de essa ideia estar no texto, ela foi muito presente na discussão do texto anterior, o que nos apresenta um indício dessa aplicação.

Ainda analisando o aluno Valdir, observamos que seus grifos contemplam todas as ideias principais do texto 2. As ideias principais I e II foram grifadas com outras ideias relacionadas. No caso das ideias III e IV, o aluno grifou os respectivos parágrafos.

O turno 35 traz a fala de Heloísa. Ela faz menção às ideias principais I e IV. Novamente temos indícios de compreensão leitora; nesse caso, Heloísa identifica as ideias principais do texto.

No turno 37, também temos indícios de que Amaral identifica as ideias principais do texto, pois o aluno cita informações relacionadas à ideia principal II.

No momento de discussão coletiva, as ideias principais I – há diferentes tipos de peixes, a II: os diferentes tipos de peixes possuem diferentes características, e a IV: mecanismos que os peixes possuem para se movimentar na água – foram contempladas nas falas dos alunos. A ideia principal III: os diferentes tipos de peixes habitam lugares diversos (rios, lagos e oceanos), não foi citada na discussão. Nos grifos dos textos, o parágrafo com a ideia III foi sublinhado por 12 alunos e a ideia selecionada no próprio parágrafo foi destacada por 3 alunos. Dois deles grifaram a ideia e outras informações pertinentes a ela, e outros 3 alunos grifaram a ideia e informações mais periféricas. No texto 2 essa também foi a ideia menos grifada. Oito alunos deixaram de destacá-la no texto. Podemos supor que a ausência de tal ideia na discussão seja reflexo também dessa quantidade.

Os indícios da compreensão leitora que aparecem durante a discussão do texto são: *identifica as ideias principais do texto, relaciona as ideias do texto com outras trabalhadas em aula* e *aplica as ideias do texto em discussões posteriores*. Desses indícios, o que apareceu maior número de vezes foi: *identifica as ideias principais do texto*. Acreditamos que esse indício ocorreu mais vezes porque a própria discussão sobre a leitura levou os alunos a citar os temas que julgaram mais importantes. A categoria *aplica as ideias do texto em discussões posteriores* surge algumas vezes.

É interessante ressaltar que, nesse momento, os alunos relacionam o conteúdo do texto a um conceito trabalhado na aula anterior com a experimentação. Assim, acreditamos que os alunos resgatam tal conceito porque tiveram oportunidade de experimentar, ler e discutir a respeito.

Considerações finais

A SEI "A submersão do Nautilus" apresenta uma proposta de ensino de Ciências por investigação e aspectos metodológicos que procuram promover a enculturação científica. Entre as diferentes atividades que propõe, seja experimentação, pesquisa, trabalho em grupo, discussões em pequenos grupos e coletivas, registros (...) a SEI traz uma série de textos que sistematiza os conceitos trabalhados e/ou problematiza algumas questões, visando à construção de novos conceitos. Diante dessa proposta de ensino, pesquisamos a qualidade da leitura realizada pelos alunos; mais especificamente, pretendíamos estudar se os alunos conseguiriam identificar os conceitos principais trabalhados na SEI por meio dos textos, e se alguns indícios da compreensão leitora também poderiam ser identificados.

A cada leitura estudada pelos alunos, a professora solicitou que eles grifassem o que consideravam mais importante no texto. De acordo com Solé (1998), determinar as ideias principais que um texto contém é um dos aspectos da interpretação progressiva, o que a autora denomina também compreensão.

Verificamos que há indícios da compreensão leitora presentes em todas as aulas da SEI que indicaram leitura. Em suas falas, os alunos identificaram as ideias principais do texto e relacionaram tais ideias com outras trabalhadas, com as ações realizadas nas aulas e aplicaram as ideias em discussões posteriores. A incidência na qual essas categorias apareceram nas discussões variou de acordo com o texto trabalhado.

Constatamos também que os alunos, ao relatar à professora o que acharam mais importante no texto, elegem uma ideia principal – ideia essa que não foi revelada anteriormente, como tal, para eles. Além da tarefa cognitiva de ler, esses alunos foram convidados a selecionar o que achavam mais importante no texto e a relatar sua seleção. Assim, ao escolher o que vai ser dito à professora o aluno realiza, nesse contexto, uma segunda seleção: seja a escolha da ideia a ser relatada a professora e a turma de acordo com sua preferência, seja na percepção do contexto da discussão em sala de aula.

O olhar para a sala de aula levando-se em conta a especificidade dos dados propicia que as informações e os elementos da pesquisa também possam ser captados nos sinais. Entendemos também que a seleção de informações e os indícios da compreensão leitora foram facilitados pela proposta pedagógica da SEI. As leituras não foram desprovidas de sentido. As atividades propostas demandavam engajamento do aluno; solicitavam uma postura de protagonista na construção do seu conhecimento e nesse contexto a leitura, como um elemento da cultura científica, teve significado.

Referências bibliográficas

BORUCHOVITCH, E. Algumas estratégias de compreensão em leitura de alunos do Ensino Fundamental. *Psicologia Escolar e Educacional*, v. 5, n. 1, p. 19-25, 2001.

CARVALHO, A. M. P. Habilidades de professores para promover a enculturação científica. *Revista Contexto e Educação*, v. 22, n. 77, p. 25-49, 2007.

CARVALHO, A. M. P. et al. *Ciências no Ensino Fundamental*: O conhecimento físico. São Paulo: Scipione, 1998.

_____. Investigar e aprender Ciências. São Paulo: Sarandi, 2011.

DELIZOICOV, D.; LORENZETTI, L. Alfabetização científica no contexto das séries iniciais. *Ensaio – Pesquisa em Educação em Ciências*, v. 3, n. 1, p. 37-50, 2001.

GINZBURG, C. *Mitos, emblemas e sinais*: Morfologia e história. São Paulo: Companhia das Letras, 1989.

KLEIMAN, A. *Oficina de leitura*: teoria e prática. 5. ed. Campinas: Pontes, 1997.

_____. *Texto e leitor*: Aspectos cognitivos da leitura. 7. ed. São Paulo: Pontes, 2000.

_____. Leitura: Ensino e pesquisa. 2. ed. Campinas: Porto, 2004.

LERNER, D. *Ler e escrever na escola*: O real, o possível e o necessário. Porto Alegre: Artmed, 2002.

MARCUSCHI, L. A. *Produção textual, análise de gêneros e compreensão*. São Paulo: Parábola Editorial, 2008.

NIGRO, R. G. *Textos e leitura na educação em Ciências*: Contribuições para a alfabetização científica em seu sentido mais fundamental. São Paulo, 2007. 290p. Tese (Doutorado) – Faculdade de Educação, Universidade de São Paulo.

NORRIS, S. P.; PHILLIPS, L. M. How literacy in its fundamental sense is central to scientific literacy. *Science Education*, v. 87, n. 2, p. 224-240, 2003.

SANTOS, A. A. A.; SUEHIRO, A. C. B.; OLIVEIRA, K. L. Habilidades em compreensão da leitura: um estudo com alunos de psicologia. *Estudos de Psicologia*, v. 21, n. 2, p. 29-41, 2004.

SOLÉ, I. *Estratégias de leitura*. Trad. de Claudia Schilling. 6. ed. Porto Alegre: Artmed, 1998.

6
Por que os objetos flutuam? Três versões de diálogos entre as explicações das crianças e as explicações científicas

Maria Lucia Vital dos Santos Abib

> Todo professor, ao ensinar, teria que perguntar: "Isso que vou ensinar, é ferramenta? É brinquedo?". Se não for, é melhor deixar de lado.
> *Rubem Alves*

Introdução

A ciência e a tecnologia estão cada vez mais presentes em nosso mundo atual. Aprender Ciências de modo a compreender o que se passa à nossa volta e, assim, poder participar de modo crítico na sociedade é uma necessidade contemporânea inquestionável.

Isso significa que precisamos trazer para nossas escolas uma alfabetização científica desde os anos iniciais. Desde cedo, precisamos dar chance às crianças de desenvolver um gosto pela ciência e a percepção de que podem aprender Ciências com facilidade. É nesse sentido que a experimentação como investigação, mesmo que seja em suas formas mais simples, pode apresentar oportunidades de trabalhar tanto as "ferramentas" como os "brinquedos" necessários ao desenvolvimento dos alunos.

Se tomarmos essas finalidades como metas a serem atingidas, em nossas ações como professores, podemos organizar diversas situações de ensino em que as crianças fiquem muito interessadas em entender os fenômenos e a exercer e compartilhar o pensamento a respeito deles. Como afirma Lemke (2006), diante de nossas novas formas de viver, precisamos encontrar novas maneiras de ensinar baseadas especialmente nas possibilidades de os alunos expressarem suas ideias, no diálogo entre essas e os conceitos científicos e, acima de tudo, nas ações de mediação que podemos exercer.

Com essa perspectiva, propomos neste capítulo três situações de ensino sobre um tema muito presente no cotidiano das crianças: a flutuação dos corpos. A base principal das propostas de ensino é sua organização de modo a promover aproximações, diálogos, estruturados em três níveis de dificuldade, entre as ideias dos alunos sobre os motivos pelos quais os objetos flutuam (ou afundam) e as explicações científicas a respeito desse fenômeno.

Estruturamos este capítulo em três partes. Primeiro, apresentamos resultados de pesquisas sobre as concepções de crianças e adolescentes sobre o fenômeno. Na sequência, discutimos as explicações científicas e, posteriormente, apresentamos as três sugestões de atividades experimentais nas quais as mediações do professor podem se dar no sentido de promover diferentes graus de compreensão sobre a flutuação.

Porque os objetos flutuam? As explicações das crianças e o pensamento de senso comum

As crianças desde muito pequenas observam com muita curiosidade o que ocorre à sua volta. Pela própria iniciativa, muitas vezes elas realizam "experimentos" para tentar controlar o efeito de suas ações e provocações com os objetos. Muitas brincadeiras infantis como rodar o pião, jogar bola e brincar na água propiciam, pouco a pouco, maior chance de sucesso à medida que compreensões sobre o que ocorre se tornam mais aprimoradas. Com os adultos, a necessidade de entender o que ocorre com alguns dos fenômenos naturais fortemente presentes no cotidiano também leva, com frequência, a indagações a respeito deles e a um forte interesse a programas de divulgação científica divulgados pela mídia.

É nesse movimento de curiosidade pelo mundo, muitas vezes potencializado pelo contexto cultural, que os indivíduos, ao longo de seu processo de desenvolvimento podem elaborar e reelaborar suas explicações sobre os fenômenos.

Muitos fenômenos que ocorrem no cotidiano chamam bastante a atenção das pessoas. Entre eles, a flutuação dos corpos aparece com frequência como um fenômeno instigante. Por exemplo, as crianças desde muito cedo começam a perceber a influência do peso dos objetos e, dependendo das suas vivências, vão passam a incorporar novos elementos às explicações sobre as causas desse fenômeno. Em estudos realizados em diversos contextos escolares pudemos constatar que alunos das séries intermediárias do Ensino Fundamental, os adolescentes e mesmo os adultos, que não tiveram acesso às explicações científicas a respeito do tema, começam a elaborar explicações para a flutuação que incluem propriedades diversas além do próprio peso. Em situações de experimentação nas quais podem realizar observações sobre objetos com características bem diferentes tornam suas explicações mais complexas e passam a incorporar outras propriedades como o tamanho do corpo, seu formato, o tipo de material que constitui o corpo e outras informações. Às vezes, referem-se à "força da água" ou ao modo de colocar o objeto na superfície e, no caso de objetos abertos e dos muitos finos, como lâminas e agulhas, à importância de manter seu equilíbrio na superfície para não entrar água. É muito interessante notar que as explicações de uma mesma pessoa variam bastante de situação para situação, não havendo, em grande parte dos casos, a busca de uma explicação geral e única válida para a maioria dos objetos.

Dois estudos desenvolvidos por Jean Piaget e Barber Inhelder em suas investigações sobre os processos de desenvolvimento de noções físicas (1971), e das explicações causais de vários fenômenos físicos (Inhelder e Piaget, 1976), podem nos ajudar a compreender formas de elaboração das concepções de nossos alunos.

No caso da flutuação dos corpos, esses pesquisadores realizaram uma investigação muito interessante e elucidativa. Apresentavam a crianças de várias idades um conjunto de diversos objetos e um recipiente com água. Inicialmente, solicitavam que se fizessem previsões sobre o que ocorreria se fossem colocados na água. Em seguida, pediam que observassem seus comportamentos e explicassem os motivos pelos quais eles flutuavam ou afundavam.[1] As respostas apresentadas pelas crianças, diante do desafio de responder às várias perguntas feitas pelos investigadores durante as experimentações, mostraram que, a partir de 7 ou 8 anos, elas iam tornando suas explicações cada vez mais complexas e, de modo surpreendente, chegavam a se aproximar, em maior ou menor grau, das explicações científicas sobre o fenômeno, revelando crescente complexidade das concepções e explicações causais.

Esse movimento iniciava-se com explicações muito simples, como "esse patinho boia porque gosta de nadar", que mostra um caráter animista, em que crianças muito novas (em torno de 4 anos), pela sua maneira de conceber o mundo, projetam ações "deliberadas" aos objetos inanimados. Com crianças um pouco mais velhas, os investigadores verificaram que as explicações basea-

---

[1] Uma maneira de aprofundar a compreensão sobre as possíveis hipóteses explicativas que possam surgir em atividades de ensino sobre esse tema é realizar previamente, em caráter exploratório, uma atividade como essa para crianças ou adultos com as mesmas solicitações feitas pelos pesquisadores. Para uma compreensão sobre os resultados, pode ser feita uma consulta à obra (Inhelder e Piaget, 1976, cap. 3).

vam-se no peso dos objetos e, com a evolução da idade, passavam a considerar outras propriedades que iam, paulatinamente, incluindo a comparação entre o peso do objeto e seu tamanho, ou seja, começavam a elaborar uma noção preliminar de peso específico (o peso total comparado ao tamanho), próxima à ideia de densidade.

Já no início da adolescência, com a evolução das formas de pensar e do amadurecimento das possibilidades de raciocínio dos indivíduos, esses estudos revelaram a inclusão de novos elementos explicativos para os fenômenos e, principalmente, da formação do conceito de volume e de sua diferenciação do conceito de forma. Ou seja, adquiriam a noção fundamental de conservação de volume (por exemplo, no caso de objetos maleáveis, como as "massinhas de modelar", admitem que o volume não se altera se o formato da "massinha" for mudado). Esse amadurecimento, então, facilita a construção da noção de densidade, que é a propriedade mais importante para o entendimento da lei de flutuação dos corpos.

Como destacam Piaget e Inhelder: "Essa lei de flutuação constitui também uma relação única e não contraditória. Ora, para chegar a essa relação, é necessário eliminar inicialmente uma série de contradições que muitas vezes é difícil evitar (na medida, por exemplo, em que a explicação é orientada na direção apenas do peso, é possível acontecer que os corpos mais pesados flutuem, ou, então, que isso ocorra com os mais leves); depois, é preciso separar o elemento comum a várias explicações diferentes (peso, volume, ar etc.) (1976, p. 15-16). Essa condição significa que, para se chegar a uma explicação única, válida para todos os objetos, é necessário haver o controle de variáveis, que se constitui um procedimento dificilmente realizado de forma intuitiva pelos sujeitos.

Para organizar atividades de ensino que levem os alunos a uma evolução das suas explicações para o fenômeno, considerando que pode ocorrer em diferentes graus de aproximação da explicação científica, é muito importante não apenas compreendermos as possíveis explicações espontâneas do pensamento infantil, mas também as explicações científicas sobre o fenômeno.

Por que os objetos flutuam? As explicações científicas

Em grande parte dos livros didáticos atuais sobre Ciências, o tema flutuação dos corpos começa a ser tratado nas séries intermediárias no Ensino Fundamental. Nesses textos, em geral, as explicações científicas aparecem no Princípio de Arquimedes, que utiliza o conceito de empuxo, ou com a Lei de flutuação dos corpos, que trabalha com o conceito de densidade.

Vamos tratar de ambos os assuntos. Em situações de ensino sobre esse tema, dependendo da série em que for desenvolvido e do enfoque dado, as duas teorias podem ser abordadas. Em particular, como discutiremos adiante, nas séries iniciais do Ensino Fundamental o caminho explicativo que envolve a densidade dos objetos torna-se bastante atrativo para se construir os diálogos entre as ideias que os alunos podem trazer para as aulas e os conceitos científicos.

O empuxo

Quando tentamos fazer afundar uma bola de borracha na água, é bem fácil observar a forte ação da água sobre ela. É difícil mantê-la submersa e, quando a soltamos, sobe rapidamente, às vezes "saltando" fortemente para cima. Essa ação da água é chamada empuxo e consiste de uma força dirigida de baixo para cima sobre o objeto imerso, e é o resultado da pressão da água sobre ele, como ilustrado nas figuras 1, 2 e 3.

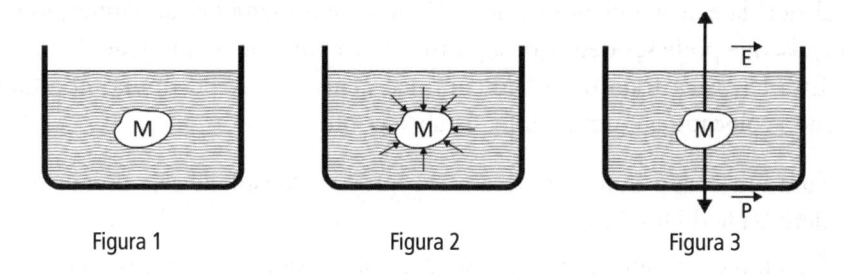

Figura 1   Figura 2   Figura 3

Como além do empuxo o objeto, mesmo submerso, também está sujeito ao peso, sua flutuação vai depender da intensidade do empuxo em comparação ao peso.[2] Para avaliarmos qual será o resultado final no corpo, precisamos saber medir essas forças.

---

[2] Na linguagem cotidiana, frequentemente utilizamos a palavra peso para denominar a propriedade do corpo medida por uma balança. Na Física, há uma diferença entre a massa de um corpo e o peso. De modo simplificado, a massa pode ser considerada a quantidade de matéria que um corpo possui e seu valor é expresso, por exemplo, em gramas (g) ou quilogramas (kg). O peso é considerado a força exercida pela Terra sobre o corpo e é expresso em unidades de força, por exemplo, em newtons (N). Como essas grandezas são proporcionais (quanto maior a quantidade da matéria), maior a força exercida pela Terra, podemos, no caso do fenômeno de flutuação, trabalhar com a grandeza peso ou com a grandeza massa, em um nível simplificado, para explicar o comportamento de objetos.

O peso dos objetos pode ser facilmente calculado a partir do valor de sua massa medida em uma balança. Para avaliarmos o empuxo, podemos recorrer aos estudos realizados por Arquimedes que elaborou o seguinte princípio: todo corpo imerso total ou parcialmente em um líquido em equilíbrio recebe por parte deste uma força vertical, dirigida para cima, cuja intensidade é igual ao peso do volume do líquido deslocado.

Assim, quanto maior a quantidade de líquido que o objeto desloca ao ser colocado na água, maior será o empuxo. Medindo-se o volume deslocado, é possível saber qual será o valor do empuxo e se comparar ao peso. Essas possibilidades de comparação, possivelmente, geraram a lenda que Arquimedes teria conseguido resolver a tarefa que lhe fora encomendada pelo rei Hierão de descobrir se a coroa que encomendara a um ourives era de fato de ouro maciço.[3]

A densidade e a lei de flutuação

Se quisermos explicar por que os objetos flutuam ou afundam com base em suas características, podemos utilizar uma "regra" que vale para qualquer objeto, estabelecida e aceita cientificamente, hoje denominada Lei de Flutuação dos Corpos, que pode ser deduzida a partir do Princípio de Arquimedes.[4]

Essa lei física trata das condições nas quais um corpo flutua ou afunda quando colocado em um líquido. Estabelece que:

a. Para um corpo flutuar, é necessário que sua densidade seja menor que a densidade do líquido;

b. Para um corpo afundar, é preciso que sua densidade seja maior que a densidade do líquido.

c. Se as densidades do corpo e do líquido forem iguais, o corpo fica em uma situação-limite, imerso e em equilíbrio no "seio" do líquido.

Assim, nas três situações, a densidade do corpo é a propriedade mais relevante para explicar seu comportamento (flutuar ou não). Calcular a densidade dos corpos e dos líquidos é um procedimento fácil, pois como é baseada na re-

---

[3] Para melhor compreensão dessa questão, propagada nos livros didáticos de Ciências, é preciso aprofundar nos aspectos históricos da Ciência sobre esse tema, tratado no artigo de Martins (2000): "Arquimedes e a coroa do rei: problemas históricos" (ver bibliografia).
[4] Um exemplo de dedução, feita para corpos com volume bem-definido, pode ser consultada em Abib (1988).

lação entre a massa e o volume do corpo, basta estabelecer a razão (o quociente) entre essas grandezas e pode-se prever se um objeto vai flutuar, afundar ou ficar em uma "situação-limite", na qual o objeto fica prestes a afundar.

Uma análise cuidadosa das figuras a seguir pode ajudar na compreensão das relações entre as duas formas de explicação científica para o fenômeno:

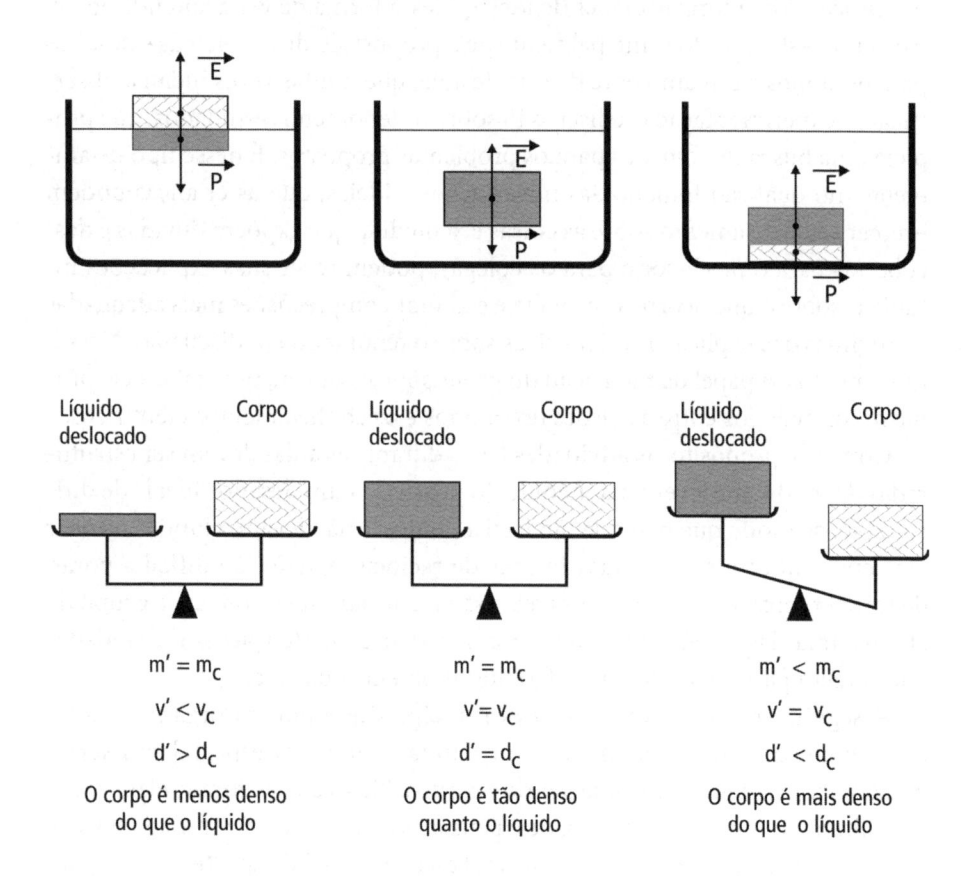

Líquido deslocado	Corpo	Líquido deslocado	Corpo	Líquido deslocado	Corpo
$m' = m_c$		$m' = m_c$		$m' < m_c$	
$v' < v_c$		$v' = v_c$		$v' = v_c$	
$d' > d_c$		$d' = d_c$		$d' < d_c$	
O corpo é menos denso do que o líquido		O corpo é tão denso quanto o líquido		O corpo é mais denso do que o líquido	

O ensino sobre a flutuação dos corpos: diálogos em três versões

Alguns estudos científicos sobre o ensino da flutuação dos corpos buscaram compreender formas de atuação dos professores e dos alunos em aulas sobre o tema (Abib, 1988; Carvalho et al., 1998). Com base especialmente nos trabalhos de Piaget e suas contribuições para o ensino de Ciências, foram organizadas propostas para o ensino desse tema e aplicaram-nas em inúmeras classes da Escola Básica. Os resultados dessas investigações mostraram-se bastante promissores tanto para a mobilização das ações dos alunos como em relação à evolução das ideias por eles apresentadas nas aulas.

Na perspectiva dessas propostas, a aprendizagem em Ciências é entendida não como processos voltados simplesmente à memorização de fatos, nomes, leis científicas com o intuito de suas aplicações em situações diversas, mas de um processo de reorganizações de ideias. Nessa forma de ver a aprendizagem, o ensino é estruturado principalmente pela proposição de problemas e desafios para os alunos e um ambiente de sala de aula, que muitas vezes inclui a observação, a experimentação e a discussão sobre os fenômenos estudados, que propicie uma busca de soluções para os problemas propostos. É nesse tipo de ambiente, no qual são fomentadas novas ações e ideias, que as crianças podem exercer seu pensamento sobre as coisas e, à medida que expõem dúvidas e descobertas para o professor e para os colegas, podem rever suas explicações intuitivas sobre o que ocorre à sua volta e elaborar compreensões mais adequadas e próximas das explicações científicas sobre o fenômeno em discussão. Nesses movimentos, o papel de mediação do professor é essencial, pois cabe a ele promover os diálogos entre as visões dos alunos e os conhecimentos científicos.

Com esse propósito, as atividades feitas durante as aulas devem ser estruturadas de modo que levem, na medida do possível, a um desafio "ideal" de dificuldade, de modo que não seja tão fácil a ponto de não levar o aluno a avançar em seus conhecimentos e suas formas de raciocínio, nem tão difícil a ponto de tornar o obstáculo intransponível. Assim, em cada aula, com cada grupo de alunos uma das tarefas do professor é observar com atenção as dificuldades que surgem para ajustá-las em diferentes momentos da aula.

A seguir, propomos duas versões principais que podem organizar aulas para serem desenvolvidas no Ensino Fundamental, em especial nas séries iniciais sobre o tema da flutuação dos corpos. Tais versões foram elaboradas com diferentes níveis de dificuldade e pensadas de modo a permitir adaptações para diferentes séries e diversos contextos escolares, incluindo alternativas para o desenvolvimento das atividades propostas com o uso de materiais experimentais simples e de fácil acesso.

Versão 1 – Para início de conversa: o destaque ao "peso" dos objetos

Os resultados das investigações anteriormente mencionadas revelaram que essa abordagem do tema, que enfoca a influência do "peso" dos objetos,[5] pode ser desenvolvida com crianças logo nas primeiras séries do Ensino Fundamental.

No livro desenvolvido por Carvalho et al. (1998), há a proposição de uma atividade muito interessante para estabelecer o diálogo entre as explicações espontâneas mais comuns dos alunos dessa fase de escolaridade e as explicações científicas. Nessa situação particular, para viabilizar uma primeira aproximação para o tratamento do fenômeno da flutuação, a proposta de ensino é feita com uma simplificação do fenômeno a ser estudado, pois trabalha com situações relacionadas à flutuação de objetos que podem sofrer alterações apenas de peso.[6] Na atividade proposta para os alunos, utiliza-se um pequeno frasco plástico com um orifício em cada extremidade, e uma mangueira fina, acoplada em um dos orifícios. Esse conjunto, frasco e mangueira acoplados (ver figura a seguir) ao serem colocados em uma bacia com água, pode funcionar como se fosse um "submarino", pois sugando ou assoprando ar pela mangueira, a água do recipiente pode entrar e sair pelo outro orifício do frasco, levando o objeto a flutuar ou afundar.

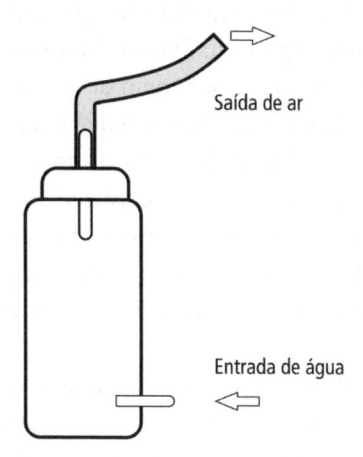

Saída de ar

Entrada de água

---

[5] Aqui estamos utilizando o termo peso como é comumente referido na linguagem coloquial. Em linguagem científica, o peso não é uma propriedade do objeto. Em termos científicos, a propriedade em pauta seria a massa do corpo (medida por uma balança).
[6] Nesse caso, as outras propriedades também relevantes para o fenômeno da flutuação, como seu volume, são mantidas inalteradas.

A atividade do submarino e os diálogos sobre o fenômeno

De acordo com a proposta apresentada (Carvalho et al., 1998) a atividade em aula inicia-se com a apresentação dos materiais da experiência: uma cuba com água e o submarino. Na sequência, o problema é apresentado à classe, com a seguinte formulação:

> "Vocês vão tentar descobrir o que fazer para o submarino subir e descer na água, quer dizer, pra ele flutuar e afundar." (p. 70)

O desafio proposto instiga a curiosidade das crianças, e em um ambiente lúdico e estimulante, elas começam a fazer várias tentativas para resolver o problema.[7]

Os diálogos necessários entre as explicações dos alunos e as científicas já podem se iniciar, com as intervenções do professor, durante a experimentação dos alunos em pequenos grupos e na roda de conversa organizada na classe pela professora ao término da experimentação com os materiais.

No decorrer da atividade e dos animados diálogos que ocorrem, as crianças explicitam suas ideias aplicando seus conhecimentos, suas percepções e linguagem própria: "quando chupamos pela mangueirinha a água entra e o vidrinho afunda"; "pra subir tem que assoprar pra água sair".

Os processos de mediação para auxiliar os alunos a aprender aspectos novos sobre o fenômeno desenvolvem-se por meio de várias perguntas, observações e organização das trocas de ideias: "Como foi que vocês fizeram? Dá pra contar direitinho o que acontece? Ou ainda, para promover a busca das possíveis causas do fenômeno: "Mas, por que isso acontece?".

As respostas e as inúmeras intervenções dos alunos vão tecendo uma profusão de trocas de ideias: "porque sai o ar e entra água", "porque a água pesa mais no vidrinho", "com ar fica mais leve e sobe", ou ainda, "porque fica mais pesado com a água dentro".

Assim, as conversas promovidas pelas interações entre os alunos, estimuladas pelas perguntas e intervenções da professora proporcionam um aprofundamento das interpretações sobre o fenômeno. Levando-se em conta descrições sobre suas ações, ao falar sobre *como* resolver o problema, os alunos podem evoluir

---

[7] As tentativas dos alunos para solucionar o problema, suas conversas e a mediação de professoras podem ser observadas em um vídeo disponível em <www.feusp/lapef>, que é um dos denominados no site "As Atividades de Conhecimento Físico".

para as explicações causais ao elaborarem respostas sobre os motivos ou "*o porquê*" dos fenômenos observados. Dependendo das diferentes ideias dos alunos e das interações promovidas na classe, tais explicações podem incluir diferentes aproximações das explicações científicas, que nessa situação específica se trata essencialmente do peso dos objetos como alguns dos alunos claramente enunciam.

É muito importante destacar que a formulação do problema – ponto fundamental deste tipo de atividade – foi pensada em virtude de três princípios básicos:

- apresentar em linguagem clara e acessível para alunos nessa etapa de escolaridade e com uma situação de desafio que os motive a buscar uma solução por meio de suas ações;
- levar em conta as possíveis explicações dos alunos para o fenômeno estudado e caminhos para a aproximação das explicações científicas.[8]
- possibilitar uma solução compatível com as condições do contexto da sala de aula.

Nesse sentido, a experimentação é pensada como uma investigação dos alunos para a solução de um problema novo a eles. Não se trata de levá-los a simples manipulações de objetos, mas fazê-los exercer seus pensamentos sobre os fenômenos. Assim, é fundamental que a situação proposta permita variações das suas ações, escolha de objetos, opções para decisões diversas por parte dos alunos, intermediadas pelas ações do professor. A situação, assim organizada, deve promover estímulo a ações e pensamentos criativos, com adaptações a suas necessidades específicas de reflexão, de modo que as aprendizagens resultantes para cada aluno e para cada grupo podem variar dependendo de seus conhecimentos prévios e da natureza de suas interações no ambiente da sala de aula.

Uma atividade alternativa: para substituir o "submarino"

No caso de dificuldade para montar os "submarinos" ou se o professor desejar pode apresentar uma atividade preliminar ou complementar à discutida ante-

---

[8] Estudos e/ou conversas preliminares com crianças para a compreensão sobre suas concepções espontâneas sobre o fenômeno em foco são essenciais para a organização de atividades dessa natureza.

riormente, ele pode utilizar pequenos frascos com tampa móvel, nos quais a variação do peso possa ocorrer colocando algo em seu interior, por exemplo, pequenas bolinhas de vidro ou outros objetos pequenos. Nessa atividade, o problema proposto precisaria ser adaptado para algo como: "*Vocês vão tentar descobrir o que fazer para o frasco subir e descer na água, quer dizer, pra ele flutuar e afundar*".

A condução da atividade, a partir da apresentação dos materiais e do problema, pode ser conduzida de forma semelhante à atividade do submarino. No entanto, para incentivar a busca criativa da solução do problema e a riqueza e variedade das trocas de ideias, é importante preparar para a aula uma pequena caixa com materiais que permitam ações variadas dos alunos (frasco e pequenos objetos que possam ser colocados no interior do frasco como bolinhas de vidro, pregos, bolinhas de materiais plásticos, pequenas arruelas, pedrinhas, massa de modelar etc.).

Nas versões de diálogos a seguir, apresentamos propostas de duas atividades (Versão 2 e Versão 3) pensadas para introduzir dois fatores muito importantes para a compreensão da flutuação: o volume dos objetos e a questão do equilíbrio de corpos abertos. Assim, tais atividades proporcionam avanço nas explicações com base apenas no "peso" absoluto como na Versão 1, para explicações que incorporam a ideia de peso específico, na medida em que permitem a comparação do peso com o volume do objeto.

Versão 2 – Enriquecendo o diálogo: peso, tamanho e equilíbrio na água

Como mencionamos no início do capítulo, as explicações espontâneas ou intuitivas das crianças sobre a flutuação evoluem paulatinamente de explicações que se referem ao peso dos objetos para ideias que indicam um início da relação entre o peso do objeto e seu tamanho, ou seja, revelam a elaboração de noções preliminares sobre o peso específico.

Essa noção, mesmo que apresentada de forma preliminar, é o foco principal de novas possibilidades de diálogo com maior aproximação das explicações científicas sobre a flutuação dos corpos.

Um exemplo de atividade para introduzir essa questão foi também proposta por Carvalho et al. (1998), na Atividade do Barquinho,[9] que descreveremos brevemente a seguir.

---

[9] Com vídeo também disponível em: <www.fe.usp.br>.

Os alunos recebem folhas de papel de alumínio (podem ser de forma retangular ou quadrada, com aproximadamente 30 centímetros em cada lado), várias arruelas de metal ("pecinhas") e uma bacia com água.

O professor propõe o problema:

> Como será que a gente faz para construir um barquinho que, na água, consiga carregar o maior número de pecinhas sem afundar? (p. 78)

Em aula, o professor também pode incrementar o desafio acrescentando: "Vamos ver qual é o grupo que consegue vencer com seu barquinho...".

Como na atividade do submarino, as inúmeras situações em que essa atividade foi proposta em sala de aula mostram um enorme envolvimento dos alunos e é bem-sucedida no que se refere a elaborações de explicações para a flutuação. De início, começam a construir barquinhos "de dobradura" que geralmente aprendem a fazer em brincadeiras de seu cotidiano, mas logo verificam que, ao se colocar arruelas em suas laterais, seu equilíbrio torna-se muito instável, levando-os muitas vezes a afundar com poucas arruelas. Para driblar essa dificuldade, os alunos passam a tentar construir barcos com outros formatos como canoas, botes e "balsas" com formas irregulares. Nesses momentos é que a intervenção do professor torna-se essencial para interagir com os grupos, discutir o que ocorre, quais as vantagens e desvantagens de cada barco e, se necessário, sugerir modificações em suas ações.

No momento da roda de conversa após a "disputa" entre os grupos onde se pode comparar o sucesso (ou não) das várias "embarcações", surgem as questões da importância de se manter o equilíbrio para impedir a entrada da água da bacia (com aumento do peso interno) e o tamanho dos barcos. Em geral, é evidente que os melhores barcos são aqueles com melhor vedação e maior volume, como é o caso de algumas das "balsas" construídas com laterais altas.

Em razão dos relatos sobre *como* resolveram o problema e das discussões sobre as explicações para os fatos observados, o professor pode promover vários níveis de sistematização das ideias trabalhadas na atividade. Desenhos e relatos individuais são muito importantes e podem auxiliar uma sistematização geral, elaborada coletivamente em um texto compartilhado a respeito dos *porquês* dos fenômenos observados. Nos diálogos e construções compartilhadas e intermediadas pelo professor, é importante que fiquem explícitas a importância do peso total do barco e também seu volume como as características fundamentais para a flutuação.

Embora tal atividade possibilite um avanço no entendimento da flutuação, suas explicações ainda são bastante parciais e restritas à situação particular em que se desenvolve (objetos abertos e materiais delimitados). Para avançar na direção de uma compreensão sobre o peso específico e a densidade, no que se refere à relação quantitativa entre a massa do objeto e seu volume total, é preciso introduzir os aspectos quantitativos relativos às medidas de massa e volume dos objetos. É o que propomos na Versão 3, a seguir.

Versão 3 – Novas palavras e significados: como medir as variáveis relevantes para a flutuação

A fim de promover uma abordagem com as características relevantes do objeto, o peso (ou a massa) e o volume, em seus aspectos qualitativos e quantitativos, a atividade neste caso está organizada com maior grau de complexidade, incluindo instrumentos de medida.

Os materiais para a atividade consistem de 3 frascos do mesmo material (com tampas móveis) e tamanhos variados (mas próximos),[10] diversas bolinhas pequenas de vidro ou outro material (de tamanhos aproximadamente iguais), provetas[11] graduadas, balança (opcional) e uma bacia com água. Para que a atividade propicie situações em que se observe que a flutuação depende da relação entre o peso do corpo e seu respectivo volume, é preciso promover comparações entre objetos de diferentes tamanhos e os pesos máximos que cada um suporta na flutuação, ou seja, seu "peso-limite" (mais precisamente, sua "massa-limite"). Assim, toma-se três recipientes A, B e C ordenados em função do seu volume e monta-se um desafio aos alunos que, com base nas observações sobre os pesos-limite do menor (A) e do maior (C), devem estimar o peso-limite do frasco de volume intermediário. A figura a seguir ilustra parte dos materiais necessários para as atividades.

---

[10] Para que os volumes dos frascos possam ser medidos em uma proveta, é necessário que caibam nas provetas.
[11] As provetas podem ser facilmente montadas com recipientes plásticos nos quais podem ser feitas marcas com as graduações de volume. Algumas garrafas de água saborizada de formato cilíndrico são bastante apropriadas. Dependendo das condições da escola, esses "instrumentos" para medir o volume podem ser feitos pelas próprias crianças durante as aulas de Ciências e/ou de Matemática.

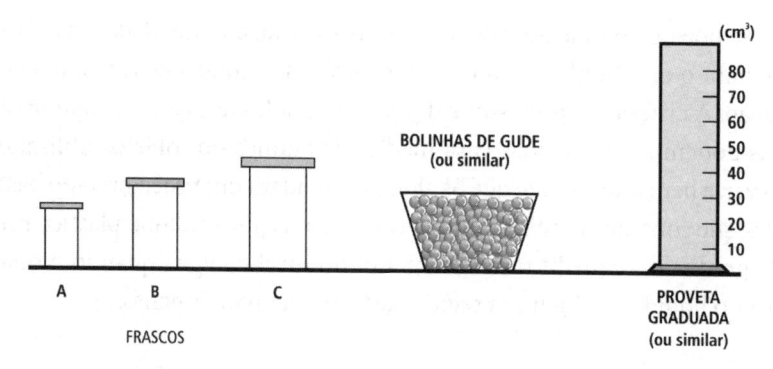

O problema desencadeador das atividades pode ser apresentado com a seguinte formulação:

> Vejam estes três frasquinhos. Eles estão colocados aqui por ordem de tamanho (A, B e C). Imaginem que são barquinhos que vamos usar para transportar passageiros para atravessar um rio. As pessoas para nós seriam as bolinhas, que podemos colocar dentro. Com esses materiais, vocês vão tentar descobrir quantas bolinhas podemos colocar no barco B sem colocá-lo na água.

Levando-se em conta o conhecimento das crianças sobre a noção de volume dos objetos e do que já sabem sobre flutuação, o grau de desafio aos alunos precisa ser avaliado pelo professor de modo a ajustá-lo em função das dificuldades que os alunos apresentarão na situação proposta. É possível que, em certos grupos, as iniciativas já se apresentem na direção da solução do problema, em outros, poderá haver a necessidade de sugestões para o procedimento.

Os alunos poderão iniciar com um dos frasquinhos, por exemplo, o menor deles (A), e irem colocando bolinhas em seu interior, testando a cada acréscimo se ocorre a flutuação. No caso, a questão é chegar a determinado número de bolinhas que leve o "barco" a sua capacidade máxima, ou seja, na situação em que os objetos ficam prestes a afundar (situação-limite). O mesmo procedimento pode ser realizado para o frasco maior (C).

A partir daí, a solução do problema para avaliar o número de bolinhas que o frasco de volume intermediário suportará, exige a hipótese de que há uma uniformidade no comportamento dos objetos. Em outras palavras, que há uma relação de proporção entre o volume dos objetos e sua massa (ou o peso), quando estes se encontram em situação-limite.

Assim, a solução do problema dependerá tanto da medida (ou estimativa) dos valores da massa (que pode ser estimada pelo número de bolinhas ou medida em uma balança) como dos valores de volume.

A medida do volume dos frascos, no caso, é uma das atividades mais importantes para o aprofundamento e compreensão dos conceitos fundamentais da flutuação. A critério do professor e das possibilidades dos alunos, algumas alternativas podem ser escolhidas para medir os volumes dos objetos utilizados. A nosso ver, é bem interessante que os alunos aprendam um procedimento bastante simples que consiste em utilizar uma proveta com água (ou tubo plástico previamente graduado) e medir o deslocamento do nível da água quando o objeto é imerso no líquido. As figuras a seguir ilustram tal procedimento.

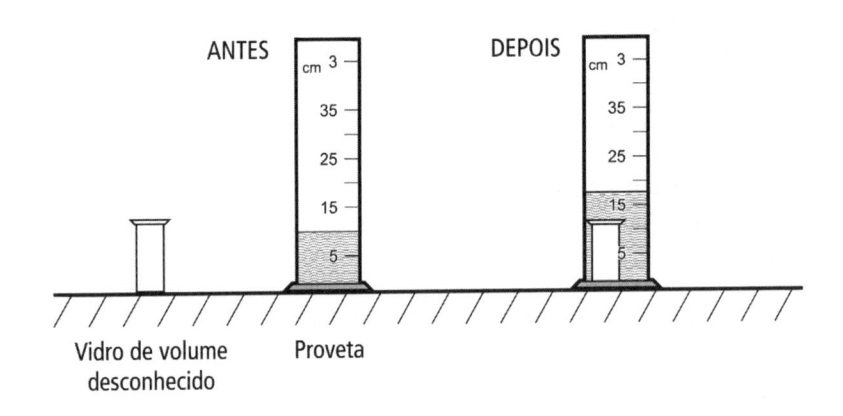

ANTES

DEPOIS

Vidro de volume desconhecido   Proveta

Obs.: No exemplo da figura, o volume do objeto é de aproximadamente 7 centímetros cúbicos.

Depois da realização das medidas e das estimativas feitas pelos grupos, o professor poderá sistematizar os resultados da classe. Para visualizar o conjunto dos resultados e promover a discussão sobre a generalização deles, pode ser elaborada, de modo coletivo e na lousa, uma tabela que registre os valores medidos para A e C e os valores estimados para B. Ao final, os alunos poderão testar alguns dos objetos B para discutir o grau de aproximação das previsões realizadas ou, com base na tabela, estimar valores de massa para objetos não estudados. Esse procedimento para a busca de uma generalização dos resultados é essencial para a compreensão da explicação científica dada pela Lei de Flutuação dos Corpos.

O papel do professor no desenvolvimento das atividades

Nas três versões apresentadas, a organização da aula – seja em relação ao plano global das atividades, seja em relação ao desenvolvimento delas – sem dúvida está baseada em uma postura muito especial do professor.

De início, é preciso decidir em que momentos essas atividades poderiam ser inseridas e qual das versões seria mais adequada para seus alunos. O professor pode, ainda, optar por uma combinação de versões ou criar outras, com atividades de enfoque semelhante.

Durante o desenvolvimento de cada uma das propostas, o professor precisa estar *observando sempre e de modo muito cuidadoso* quais são as iniciativas dos alunos, quais as principais dificuldades e dúvidas. Com base nesse acompanhamento contínuo das ações, o professor poderá desenvolver a mediação necessária ao diálogo entre as possibilidades de atuação e as ideias dos alunos e as concepções e explicações científicas que deseja ensinar.

Para isso, cabe ao professor *graduar o desafio proposto* em cada atividade de modo que as dificuldades possuam um grau "ideal", o que significa que estas não podem ser tão difíceis a ponto de levar o aluno a desistir, nem tão fáceis que não estimulem o desencadear de ações e o esforço necessário para progredir e avançar. Nesse sentido, o professor precisa muitas vezes fazer sugestões sobre como os alunos podem proceder, mostrar aspectos e fenômenos importantes de serem observados, explicar as noções envolvidas e esclarecer as dúvidas apresentadas. Em suma, uma mediação conduzida sob o princípio fundamental de promover um ambiente de diálogo no grupo e entre as ideias explicitadas e as científicas.

Além desses aspectos, é fundamental que sejam promovidas sistematizações sobre o que foi aprendido após a solução de cada desafio. Com crianças menores podem ser solicitados desenhos e pequenos textos. Podem ser feitas também sistematizações coletivas em textos compartilhados e organizados pelo professor. Ainda, podem ser sugeridas leituras e busca de informações em uma perspectiva interdisciplinar de integração com outras áreas do conhecimento e a utilização em situações práticas.

Referências bibliográficas

ABIB, M. L. V. S. Física, no Ensino Fundamental? In: PAVÃO, A. C.; FREITAS, D. (Orgs.). *Quanta ciência no Ensino de Ciências*. 1. ed. São Carlos: EDUFSCar, 2008. v. 1, p. 123-140.

ABIB, M. L. V. S. Uma abordagem piagetiana para o ensino da flutuação dos corpos. *Pesquisas para o ensino de ciências* (Faculdade de Educação da Universidade de São Paulo), n. 2, 1988.

_____. A interferência do nível de desenvolvimento cognitivo na aprendizagem de um conteúdo de física. São Paulo, 1983. Dissertação (Mestrado) – Instituto de Física e Faculdade de Educação da Universidade.

CARVALHO, A. M. P. et al. *Ciências no ensino fundamental* – O conhecimento físico. São Paulo: Scipione, 1998.

INHELDER, B.; PIAGET, J. Da lógica da criança à lógica do adolescente. São Paulo: Pioneira, 1976.

LEMKE, J. L. Investigar para el futuro de la educación científica. Nuevas formas de vivir nuevas formas de aprender. *Ensenãnza de las ciencias*, 2006.

MARTINS, R. A. Arquimedes e a coroa do rei: Problemas históricos. *Caderno Brasileiro de Ensino de Física*, v. 17, n. 2, p.115-121, 2000.

PIAGET, J.; INHELDER, B. *O desenvolvimento das quantidades físicas na criança*. Rio de Janeiro: Zahar, 1971.

7
Sobre a natureza da Ciência e o ensino

Viviane Briccia

O capítulo sobre interações discursivas e interações em sala de aula, de autoria da professora Lúcia Helena Sasseron, apresentado neste livro (p. 41), relata aspectos do desenvolvimento da alfabetização científica (AC), que são, atualmente, vistos como fundamentais para o ensino de Ciências.

Um dos eixos estruturantes para que seja almejada essa AC, apresentado por ela, diz respeito a *compreensão da natureza das ciências e dos fatores éticos e políticos que circundam sua prática*. Esses aspectos apresentam as características epistemológicas do conhecimento, ou seja, o modo como o conhecimento científico é construído, além de suas relações, sejam sociais, humanas, políticas, econômicas, entre outras.

Outro eixo importante se refere ao *entendimento das relações existentes entre Ciência, Tecnologia, Sociedade e Meio Ambiente* (CTSA): aspecto muito divulgado atualmente na educação científica, por tratar do importante entrelaçamento entre essas esferas e, portanto, das relações estabelecidas entre questões científicas, tecnológicas, ambientais e sociais, observando, como colocado por Sasseron: que a solução imediata para um problema em uma dessas áreas pode representar, mais tarde, o aparecimento de outro associado.

Porém, em contradição a essa proposta de alfabetização científica, vemos que muitas vezes não se prioriza um ensino sobre a natureza da Ciência ou, ainda, das relações existentes entre a Ciência, tecnologia, sociedade e ambiente. Uma das decorrências desse fato é que o trabalho realizado com a disciplina de Ciências, muitas vezes parcializado, mecânico, ajuda ainda a formar imagens não adequadas, ou distorcidas sobre Ciência e sua forma de desenvolvimento, sem que haja uma contextualização a respeito.

Uma imagem distorcida muito divulgada é a própria imagem do cientista! Constantemente vemos na mídia a imagem de um cientista gênio, "maluco", encarcerado em um laboratório, realizando um trabalho metódico, isolado, sem criar em seu entorno relações sociais, o que promove a divulgação errônea de uma Ciência neutra, sem relações com a sociedade, além de pronta, acabada.

É interessante refletirmos sobre a própria imagem que possuímos, pois é, em geral, reflexo dessa divulgação.

Tal divulgação não contribui para o desenvolvimento de uma alfabetização científica coerente, ou ainda, de acordo com Gil-Pérez et al. (2005 e 2008), essas distorções sobre a natureza da Ciência são responsáveis, em grande parte, pela rejeição de muitos estudantes e cidadãos a essa área de conhecimento, levando muitas pessoas a não se sentirem capazes ou interessadas o suficiente para trabalhar em um modelo como esse. Se o aluno vê a Ciência como elitista, destinada a gênios "malucos", que realizam um trabalho solitário, quais seriam as razões que o levariam a se interessar por tal conhecimento?

O mesmo acontece quando, ao se falar da atuação do professor em sala de aula, alguns trabalhos nos vêm demonstrando que, quando os professores apresentam uma visão rígida do trabalho científico (como a de um conteúdo já acabado, pronto), em geral, não voltam sua atenção aos processos de construção do conhecimento, o que muitas vezes acaba reduzindo o estudo de Ciências a uma atuação tradicional, mecânica, a partir de fórmulas, descrições, enunciados e lei, restrito, portanto, à memorização e à operacionalização de exercícios.

Uma questão importante que surge quando se trabalha com o ensino mecânico, tradicional, é que não se oferece espaço para a investigação, aspecto tão enfatizado no ensino e também em outros capítulos deste livro como fundamental para a educação científica. Uma aula com características investigativas favorece a construção do conhecimento pelo diálogo, a argumentação dos estudantes, as interações professor-aluno e aluno-aluno, a avaliação dos processos de ensino, entre outros fatores.

Por esses e outros pontos, vemos como determinante que a escola favoreça a construção de visões mais adequadas sobre o conhecimento científico, sendo necessário para isso, que nós, professores, também construamos essas visões; afinal, não podemos ensinar, ou ter como pressuposto de ensino, algo que não se domina.

Neste capítulo, vamos observar um pouco mais tais formas de visões não adequadas sobre o conhecimento científico; especificar como a construção de visões mais contextualizadas da Ciência podem nos levar a um processo de Alfabetização Científica para depois observar exemplos do trabalho em sala de aula que levam em conta, de maneira implícita, aspectos da natureza da Ciência.

Visões sobre a natureza da Ciência e características do conhecimento científico

Entender quais visões inadequadas são geralmente construídas sobre Ciência pode nos ajudar a compreender como se constroem essas visões, seja no ensino, seja no conhecimento cotidiano a respeito da Ciência. O grupo de pesquisa de Gil-Pérez et al. (2001, 2005 e 2008) vem estudando essas visões. Algumas delas (como comentários nossos) são:

- Visão empirista e distante da teoria, em que se esquece o papel essencial das hipóteses e da construção de conhecimentos com base em teorias já existentes, ressaltando apenas o papel da experimentação como essencial. É o exemplo da maçã que cai na cabeça de Newton, em que se afirma que apenas tal fato o levou a elaborar a teoria da gravitação, não levando em conta seu trabalho de leitura e estudos anteriores.
- Visão rígida, em que se apresenta um "Método Científico" com maiúsculas, como um conjunto infalível de etapas a seguir mecanicamente e como a única forma de se fazer Ciência, seguindo etapas já estabelecidas.
- Visão a-problemática e a-histórica, em que os conhecimentos são "transmitidos" já prontos e acabados sem mostrar quais os problemas que geraram sua construção, sua evolução, suas dificuldades, entre outros aspectos, além de novas perspectivas que a Ciência tem em aberto.
- Visão acumulativa, linear: como o conhecimento apenas se acumulasse sem nunca ser questionado, ignoram-se, assim, as crises e as remodelações profundas que fazem parte da construção da Ciência.
- Visão de sentido comum, em que os conhecimentos são claros, óbvios, de senso comum, não necessitam explicações e relações, são assim.
- Visão descontextualizada, socialmente neutra, em que se esquecem as complexas relações CTSA. Não se diz nada sobre o possível interesse e a relevância da investigação, das suas repercussões e relações, os avanços tecnológicos não se mostram relacionados com a Ciência e tampouco com questões sociais e ambientais, além de outras relações entre eles.
- Individualista e elitista: representa um único investigador, que trabalha sozinho, em geral do sexo masculino. A Ciência, desse ponto de vista, é para gênios!
- Visão analítica: não demonstra a possível vinculação do tema abordado aos diferentes campos da Ciência, nem um tratamento interdisciplinar, que parcializa os estudos científicos.

Essas visões são construídas, pois, em geral, na escola desconsideram-se as relações Ciência, Tecnologia, Sociedade e Ambiente (CTSA), os conhecimentos científicos atuais, as relações entre conhecimentos, entre outros aspectos que trazem vida ao conhecimento científico, mostrando suas relações, aplicações.

Um exemplo é o tema energia: muitos professores, assim como muitos livros didáticos, esquecem-se de realizar uma análise dos problemas relacionados a esse assunto na atualidade, não contextualizando a crise energética atual, as relações políticas, econômicas e sociais relacionadas a esse fator (Briccia e Carvalho, 2011), perspectivas de novas fontes de energia, a situação de emergência planetária (Gil-Pérez et al., 2005; Cachapuz et al., 2005), na qual nos encontramos apenas apontando tipos ou formas de energia. Vemos, por exemplo, as questões sociais, políticas, econômicas e ambientais que foram envolvidas no projeto de implementação da Usina de Belo Monte para a obtenção de energia. Assim, quando se esquecem essas relações, o conhecimento é apresentado de maneira neutra, não contextualizada, sem relações com outras áreas.

Mas, afinal, quais características das Ciências são fundamentais para serem ensinadas na Educação Básica? Sem dúvida, não se pode fazer um debate epistemológico, ou explícito sobre características do conhecimento científico em salas de Ensino Fundamental, porém, alguns aspectos desse conhecimento podem ser contemplados, ou pela própria metodologia utilizada nas aulas, ou pelo trabalho com elementos de uma cultura científica. Para entender como essas características devem ser inseridas em sala, é necessário pensar na Ciência como um corpo de conhecimentos e sobre a sua construção.

Um olhar para a Ciência

As características sobre a construção do conhecimento científico são objeto de debate entre diversos filósofos e historiadores e estudiosos da Ciência e as diversas opiniões geram controvérsias e divergências entre eles. Pressupomos que não há um consenso geral sobre o que é Ciência ou ainda "não há uma formulação 'fechada' para um conceito de ciência" (Chalmers, 1993; Borges, 1996). Porém, ao analisarmos os autores que trabalham com esses aspectos, observamos que algumas características são consenso entre os diversos autores e essenciais para se entender seus processos de construção, esse é um debate extenso, mas acreditamos que as características apresentadas a seguir são fundamentais:

- Não há um "Método Científico" fechado, com base em etapas bem-definidas e fundamentado unicamente na experimentação, o que vai contra uma visão rígida e empírica da Ciência (Gil-Pérez et al. 2001 e 2005).
- A construção do conhecimento científico é guiada por pressupostos que influenciam na observação e na interpretação de certo fenômeno (Toulmin, 1977; Borges, 1996; Gil-Pérez et al., 2001, 2005), o que vai contra a visão pu-

ramente empírico-indutivista e ateórica da ciência, em que a observação e a interpretação não são influenciadas por ideias anteriores (Gil-Pérez, 1993).
- O conhecimento científico é aberto, sujeito a mudanças e reformulações, pois assim foi constatado ao analisarmos o desenvolvimento histórico da Ciência; portanto, a Ciência é um produto histórico. Desse modo, a maneira de se transmitir conhecimentos já formulados sem que haja a preocupação de mostrar quais foram os problemas que geraram sua construção, sua evolução e as dificuldades enfrentadas para que fossem formulados (Gil-Pérez, 1993 e 2008; Kuhn, 2000) é uma forma de se criar uma concepção contrária à proposta: de se obter uma visão aberta da Ciência.
- Um dos objetivos da Ciência é criar interações e relações entre teorias, uma vez que o conhecimento não é construído pontualmente, o que descaracteriza a visão analítica da Ciência.
- O desenvolvimento da Ciência está relacionado aos aspectos sociais e políticos; por isso, muitas vezes, as opções feitas pelos cientistas refletem interesses pessoais, econômicos ou políticos. Portanto, a Ciência é humana, viva, uma construção realizada pelo homem, o qual interpreta o mundo a partir de seu olhar. Dessa forma, é necessário que seja caracterizada como tal, interpretada a partir de pontos de vista distintos, de acordo com os interesses de quem a enfoca.

Nessa construção humana e não acabada, não podemos esquecer, portanto, o papel das trocas entre equipes, das teorias científicas anteriores para a produção de novos conhecimentos; das hipóteses, da relação com a sociedade, com o momento político e social, e, também, o papel da problematização para a construção do conhecimento.

A problematização é algo muito importante dentro da Ciência. A existência de um problema é o mote de propulsão do conhecimento. Como explicamos os dias e as noites e as estações do ano? Como funciona nosso corpo? Como podemos fazer para nos proteger de doenças? Como explicamos as marés? São questões que motivam o homem a construir conhecimento há muitos anos!

Gaston Bachelard, cientista, educador francês, filósofo da Ciência e poeta, tem muitas obras publicadas evidenciando sua preocupação pedagógica, fruto da experiência como educador e cientista, e se dedicou também a estudar como ocorre a formação de um *espírito científico*, investigador. Em seu livro, publicado inicialmente em 1938 (Bachelard, 1996), o autor já colocava a célebre frase que diz: "Todo conhecimento é resposta a uma questão. Se não houve questão, não pode haver um conhecimento científico. Nada é dado, tudo é construído". Assim, a Ciência usa dos problemas para encontrar explicações e respostas, sendo o problema essencial nessa construção.

Não podemos, ainda, esquecer que a Ciência também possui relações com a Tecnologia, vivemos atualmente em um mundo altamente tecnológico, onde o desenvolvimento científico e o tecnológico estão amplamente relacionados. Essa proximidade faz que haja um movimento CTSA, que estimula a inclusão de temas envolvendo Ciência, Tecnologia, Sociedade e Ambiente no ensino.

Formação de visões mais adequadas e a alfabetização científica

Apesar de esses serem aspectos importantes a serem trabalhados no ensino, é importante ressaltar que, nas séries iniciais, não propomos trabalhar temas sobre a natureza da Ciência de maneira explícita. No entanto, autores defendem que esses temas são encontrados implicitamente nas atividades propostas em sala de aula. Uma maneira implícita, de acordo com Khalick e Lederman (2000), seria facilitada pelo processo de ensino, conteúdo e pelo "fazer ciência", com base no emprego de atividades, da condução de discussões, da contextualização do ensino.

Este "fazer ciência" na Educação Básica não significa que se queira construir conhecimentos científicos em sala de aula nem que os estudantes desenvolvam novas teorias científicas, mas, sim, que alguns aspectos da cultura científica estejam inseridos no cotidiano de trabalho dos estudantes.

Acreditamos, assim como Hodson (1992), que os estudantes desenvolvem melhor sua compreensão conceitual e aprendem mais acerca da natureza da Ciência quando participam em investigações científicas, contanto que haja oportunidades suficientes e apoio para a reflexão.

Assim, nos processos de investigação científica, trabalham-se características epistemológicas ou da construção do conhecimento científico, de maneira semelhante, como verifica-se no quadro a seguir:

Quadro 1: O trabalho implícito com aspectos do conhecimento científico em sala

Na Ciência[1]	Na escola
Situação problemática aberta, que pode ter sua origem em outras investigações, necessidades pessoais, tecnológicas etc.	Proposição de uma situação-problema para ser investigada, geralmente já elaborada pelo professor.
Construção de hipóteses para serem contrastadas. Elaboração de estratégias de contrastação, incluindo, se necessário, planejamento e realização de experimentos.	Construção de hipóteses, teste dessas hipóteses. Reformulação de hipóteses, observação de variáveis.
Interpretação dos resultados, a partir das hipóteses formuladas, dos conhecimentos teóricos e dos resultados de outras investigações.	Interpretação dos resultados, discussão do que foi observado, o que pode demandar relações com outros resultados e/ou novas análises e hipóteses.
Lado humano e vivo da Ciência, relacionado a aspectos sociais e políticos e à sociedade e tecnologia.	Estabelecimento de relações entre disciplinas e conhecimentos.
Comunicação do trabalho realizado: encontros, intercâmbios, artigos, congressos.	Comunicação do trabalho em relatórios, discussão entre estudantes e professores. Com uso de argumentação, escrita com destaque para o lado social da construção do conhecimento.

Os aspectos destacados na segunda coluna nos mostram um trabalho que ressalta elementos importantes para combater as visões já apresentadas como inadequadas a respeito do conhecimento científico, entre eles as relações entre conhecimentos, a importância da socialização do conhecimento científico, entre outros.

Assim, esse processo de introdução a uma metodologia de trabalho que envolva processos da construção do conhecimento científico são importantes para propiciar aos alunos a inserção a uma cultura científica, que faça parte dos processos de enculturação ou, ainda, de alfabetização científica, já destacados por Sasseron (2008) e também nesta obra, com destaque para os eixos que trabalham a *compreensão da natureza das ciências e dos fatores éticos e políticos que circundam sua prática* e, ainda, o *entendimento das relações existentes entre Ciência, Tecnologia, Sociedade e Ambiente* (CTSA).

Tais processos exigem que professores tenham ações e atitudes distintas em sala de aula. Alguns aspectos podem ser incluídos no currículo de Ciências, em relação às ações dos professores, para promover a construção de conhecimentos científicos, relacionados àquelas apresentadas no Quadro 1.

---

[1] Essas características do conhecimento científico são discutidas com maior profundidade em Gil-Pérez et al. (2005, p. 47).

Em um trabalho de análise realizado sobre as competências docentes envolvidas, de maneira geral, na docência como o planejamento de atividades, o conhecimento da disciplina e sua tradução em conteúdos de aprendizagem, a avaliação, o trabalho colaborativo na escola, e a observação da própria formação continuada, como aspectos fundamentais e de base para o trabalho diário.

Diversos autores analisados destacam o papel da competência *Dirigir situações de aprendizagem*, de maneira que desenvolva nos estudantes competências científicas e/ou ainda proporcione um ensino de Ciências que promova aspectos da Alfabetização Científica. Outra competência importante encontrada nos trabalhos analisados é a de *Criar um ambiente de aprendizagem que envolva o aluno em seu trabalho,* uma vez que destaca um ambiente propício para a troca de ideias, o levantamento de hipóteses, a socialização, entre outros aspectos.

Acreditamos que a metodologia utilizada pelo docente na condução de seu trabalho traz, mesmo que implicitamente, características da Natureza da Ciência. Ao conduzir situações de aprendizagem, ao criar um ambiente propício para o ensino, também se ensina sobre Ciência e não apenas sobre aspectos conceituais. Uma metodologia investigativa, por exemplo, pode ressaltar o caráter investigativo do conhecimento científico, além de outros aspectos. Portanto, a metodologia de trabalho não é neutra, o método de trabalho utilizado pelo docente também é conteúdo.

Assim, as duas categorias de competências citadas anteriormente estão mais envolvidas na prática cotidiana de trabalho dos professores, e por isso envolvem aspectos da construção do conhecimento científico, de maneira implícita, como se constata no Quadro 2.[2]

Dessa forma, o quadro nos indica algumas ações do professor, ao conduzir o trabalho cotidiano, que envolvem o ensino de aspectos do conhecimento científico e também sobre a Ciência.

No próximo tópico, serão apresentados dois exemplos de situações de ensino para observar como essas ações acontecem no cotidiano escolar.

---

[2] Para essa revisão e para os pontos colocados neste quadro, analisamos Perrenoud (2000), Gárcia et al. (2008) e um documento dos Estados Unidos (1998), trabalhando com a ideia de competência; autores que trabalham com a educação científica, como Hodson e Hodson (1998), Gil-Pérez et al. (2005), e com a criação de ambientes de aprendizagem em Fraser (2007).

Quadro 2: Competências docentes relacionadas ao trabalho de sala de aula

COMPETÊNCIA	INDICADORES DESTAS COMPETÊNCIAS
Dirigir situações de aprendizagem	Propõe problemas, questões e dilemas em suas aulas.
	Trabalha a partir das hipóteses, erros e obstáculos e aprendizagem dos alunos.
	Reflete sobre o interesse das situações apresentadas em sala.
	Promove oportunidades para que os estudantes desenvolvam competências científicas, levantem hipóteses, expliquem etc.
	Promove a integração com outros campos de conhecimento, até a análise qualitativa de problemas.
	Demonstra que o resultado de uma única pessoa ou grupo pode não ser suficiente.
Criar um ambiente de aprendizagem que envolva o aluno em seu trabalho	Estabelece interações positivas no ambiente de aprendizagem que emprega incentivos e consequências, e interesses e opiniões contam.
	Reforça a dimensão coletiva do trabalho científico, organizando equipes de trabalho.
	Constrói estilos de comunicação para as necessidades de grupos e indivíduos.
	Distribui as responsabilidades do ambiente de aprendizagem com os estudantes, até o senso de autoavaliação.
	Desenvolve a cooperação entre alunos e certas formas simples de ensino mútuo.

Observando a sala de aula

A construção de conhecimentos

O primeiro exemplo aqui apresentado nos mostra a discussão de uma atividade de conhecimento físico, o problema do barquinho,[3] realizada com alunos do 4º ano do Ensino Fundamental, em uma escola pública da periferia de São Paulo, que manteve parceria com uma universidade para o desenvolvimento de um projeto de inovação no ensino.

Esse problema é desenvolvido como atividade investigativa, tendo por pressuposto levar os estudantes a iniciar o trabalho com aspectos próprios da cultura científica, e por isso tem-se a própria proposta metodológica carregada de intencionalidade em uma situação problemática aberta, na qual o professor possa conduzi-la. Consiste na construção de um barco, com papel-alumínio, que carregue maior número de peças de metal, a partir do seguinte problema inicial: *Como construir um barco que carregue o maior número de pecinhas sem afundar?*

---

[3] O vídeo com descrição desta atividade e outras atividades de conhecimento físico podem ser encontrados em: <http://paje.fe.usp.br/estrutura/midiavirtual.htm>.

Depois da realização da atividade experimental, é o momento da professora conduzir os alunos a realizar a descrição do evento: o como, e depois o porquê, chegando à explicação do fenômeno observado para que, a seguir, elaborem um relatório, de nível adequado aos estudantes, sobre o que se realizou.

Observe o quadro a seguir como um exemplo desta condução em sala de aula.

Quadro 3: Episódio de ensino em que se destaca a condução da sala de aula pela professora

Turno	Sujeito	Falas transcritas	Análise
31	A20	É... [risos], então, com 5 alumínios, e aí, a gente foi colocando uma por uma.	
32	A4	E não afundou!	
33	Professora	E não afundou... Por que será que deu certo, né? Muito (...) que eu percebi durante a experiência, foi como o A23 falou: Vocês tentaram primeiro aquele barco de papel e não deu certo e vocês falaram que fizeram o barco quadrado ou barco redondo e o outro usou o termo balsa. Por que será que deu certo quando vocês fizeram isso, hein? Por que será? Calma! [alunos falam juntos]	Professora propõe problemas e questões em sala com base nas observações dos estudantes.
34	A17	Porque a gente trabalhou junto.	
35	Professora	Só porque vocês trabalharam juntos?	Trabalha com base nas hipóteses dos estudantes.
36	A5	Porque a gente pôs cinco papéis de uma única vez pra fazer a balsa.	
37	A8	Aí não dava pra afundar, que tava um monte!	
38	Professora	Então por que que não afundou? Que tava um monte de quê?	Propõe questões.
39	A8 e outros	De papel!	
40	Professora	Que mais? Fala A6.	Estabelece interações positivas, incentivando a fala de diversos alunos.
41	A6	É porque a gente tava colocando um monte de alumínio, punha um monte de arruelas, e ia distribuindo o peso.	
42	Professora	Então distribuíram o peso. Fala A9.	Estabelece interações.
43	A9	O nosso foi diferente. A gente colocou dois papéis e aí não deu certo e, quando a gente colocou cinco demais, aí não deu, o barco afundou.	

Quadro 3: Episódio de ensino em que se destaca a condução da sala de aula pela professora (*continuação*)

Turno	Sujeito	Falas transcritas	Análise
44	Professora	Olha que interessante isso, cinco papéis, o outro fez com dois, então, será que está só na quantidade de papel?	Estabelece interações positivas onde, interesses e opiniões contam. Trabalha com base nas hipóteses dos estudantes.
45	Sala	Não (...)	
46	Professora	O que será?	Propõe questões.
47	Sala	Tá distribuindo o peso (...)	
48	Professora	Por que será que não afunda o barco?	Propõe um problema.

Este é apenas um trecho de uma das aulas e, por isso, não é esperado que a professora trabalhe com todas as características do conhecimento científico, no entanto, verifica-se na coluna da direita algumas dessas características trabalhadas implicitamente pelas ações da professora.

Vemos que todo o trabalho da professora é feito com base na tentativa de criação de um ambiente de aprendizagem que envolva vários alunos no trabalho. As respostas são construídas pelo grupo, inicialmente em equipes menores e, depois, o grupo todo, o que *reforça a dimensão coletiva do trabalho em sala de aula*, e, implicitamente, do trabalho científico. Constata-se que a professora, ainda, *distribui as responsabilidades do ambiente de aprendizagem com os estudantes* ao levá-los a contribuir para a solução dos problemas.

Ao perguntar aos alunos *como* fizeram para chegar à resposta do problema, questionando: "O que será que deu certo?", alguns descrevem ter utilizado cinco folhas de papel-alumínio para resolvê-lo, ou seja, constroem hipóteses e é função da professora contrastá-las, ao estimular a construção de novas hipóteses entre eles, quando necessário, ao promover, como se constatou no Quadro 2, oportunidades para que os estudantes desenvolvam competências científicas, como levantar hipóteses, gerar explicações, processos, como já colocamos, também característicos da Ciência.

A professora, então, ouve algumas respostas e pede que os outros também se manifestem sobre suas impressões. É importante ressaltar que, nesse momento, algumas hipóteses levantadas por eles não sejam adequadas para explicar os porquês, requeridos pelo experimento. Assim, observa-se que, nos turnos 33, 38, 46 e 48, a professora propõe dilemas, questões e problemas, para contrastar as respostas dos estudantes, relacionando-as ao momento da experimentação.

Adiante, a professora retoma o trabalho com base nas hipóteses dos alunos. Ao questioná-los durante alguns turnos se apenas a quantidade de papel-alumínio foi importante para o experimento, ela presta atenção às pré-concepções dos estudantes. Mais à frente, no turno 61, a professora reúne as respostas deles e confronta-as com as hipóteses levantadas pelos alunos.

Quadro 4: Episódio que destaca o levantamento de hipóteses pelos alunos

Turno	Sujeito	Fala transcrita	Análise
61	Professora	Isso! Então olha ter uma proteção do lado do barco também foi importante. E aí, alguma coisa que nós descobrimos. A quantidade de papel era isso que mandava o barco afundar ou não? [Não] Era distribuir o [peso...], peso, como vocês disseram, isso que o colega falou, né? Fala A9 (...)	As opiniões dos estudantes contam para a construção do conhecimento. A professora mostra que o resultado de uma única pessoa ou grupo pode não ser suficiente.

Mais uma vez, ressalta-se a coletividade do trabalho científico, ou como colocado por Gil-Pérez et al. (2005), potencializando-se a dimensão coletiva do trabalho científico, organizando equipes de trabalho e facilitando a interação entre as equipes e a comunidade científica (representada na sala pelas outras equipes, o corpo de conhecimentos já construído, os textos, o professor como especialista), o que se mostra como contrário a uma visão individualista e elitista, em que a Ciência é puramente vista como trabalho de um único investigador, isolado.

Constata-se, assim, que a atividade de ensino não é isenta de intencionalidade, mas que a metodologia de trabalho também define as características que podem ser ensinadas sobre a Ciência, nesse caso.

Estabelecendo relações

Como já se destacou nas páginas iniciais deste capítulo, algumas das visões inadequadas sobre o conhecimento científico são: uma visão descontextualizada, socialmente neutra, na qual se esquecem as relações entre a Ciência, a Tecnologia, a Sociedade e o Ambiente, e tampouco se trabalham a relevância e as relações dos temas estudados. Outra visão, extremamente analítica, não relaciona os temas abordados aos diferentes campos da própria Ciência e tampouco propõe um tratamento indisciplinar dos conteúdos.

Essas visões, geralmente, são construídas levando-se em conta estudos de conteúdos científicos que não estabelecem relações com a realidade nem com o mundo em que vivemos (relações sociais, econômicas, com o meio ambiente), nem outras áreas de conhecimento. Assim, estabelecer essas relações em sala de aula, demonstrar como o conhecimento científico está presente em diversas situações e fazer uso de outras áreas de conhecimento, como a matemática e a língua (assunto também abordado neste livro), por exemplo, para se desenvolver, é fundamental que os estudantes vejam a Ciência como tal.

O próximo episódio nos traz uma interação também ocorrida em sala de aula, com base na mesma sequência didática, porém, algumas aulas adiante. Depois da atividade do barco, os alunos estudam os tipos de embarcações existentes, com a análise de diversas variáveis: tamanho, formato, entre outros, chegando, posteriormente, a trabalhar com a ideia de cadeia alimentar.[4]

Ao trabalhar com os diferentes tipos de embarcações, a professora realiza com os alunos a leitura do texto: *mantendo navios na água*, proposto na sequência. A ideia desse texto é demonstrar que o navio necessita do armazenamento de água, no lastro, para que proporcione estabilidade, uma vez que em diferentes momentos transporta diferentes cargas, apresentando diferentes pesos.

A leitura é realizada por meio de uma metodologia investigativa; os estudantes leem o texto com a professora, que a cada parágrafo, faz questões, observações, relações com outros conhecimentos, proporcionando aos alunos que também levantem esses conhecimentos. Apesar da proposta de estabelecer relações dos conhecimentos com a Tecnologia e também o Ambiente ser da própria sequência didática, constata-se que é muito importante o papel do professor nesse momento para promover tais relações e avaliar a aprendizagem, até mesmo o levantamento de hipóteses, o questionamento dessas hipóteses e a construção de explicações pelos estudantes.

Concorda-se, assim, com Hodson e Hodson (1998), ao destacarem o papel do professor: "Um trabalho muito guiado pode interferir com o processo de pensamento, ajudar a negligenciar a resolução de problemas e levar a fechamentos prematuros".

Também vale o oposto; um trabalho muito solto também pode levar a não construção adequada dos conhecimentos, a não observação das ideias dos alunos, impedindo que o professor detecte concepções não adequadas sobre o tema, por exemplo.

No quadro a seguir, a professora propõe problemas aos alunos para que se posicionem em relação ao texto lido:

---

[4] Essa sequência didática está descrita no trabalho de Lúcia Sasseron (2008).

Quadro 5: A colocação de problema por parte da professora

61	Professora	Tá bom. Mas isso aí é filme. Gente, vamos voltar para o texto. É possível ter, então, um animal de uma água marinha aqui do Brasil ir para outro país ou ao contrário? O que que vocês entenderam disso, vamos lá. Fala A3.
62	A3	Que os animais que foram levados pelo barco, pelo navio, podem viver uma vida melhor lá no outro país.
63	Professora	Pode ser só uma vida melhor?
64	Alunos	Não.

Assim, com base em questões colocadas nos turnos 61 e 63, a professora levanta as hipóteses dos alunos, propõe novas questões delas, até chegar ao diálogo apresentado no quadro a seguir:

Quadro 6: A professora trabalha a partir das hipóteses dos estudantes

Turno	Sujeito	Transcrição de falas	Análise
76	A1	Os seres vivos podem morrer dentro do tanque de lastro porque, mesmo lá dentro, ele não tem comida.	
77	Professora	Isso.	
78	A1	Professora, é uma coisa boa e uma coisa ruim. Boa que tá transportando "nós" pra outro lugar pra gente conhecer, viagem, e outros pro seres vivos lá no mar que engole eles e mata.	
79	Professora	Então, isso é ruim?	Propõe questões e dilemas.
80	A1	É.	
81	Professora	Então, é isso mesmo. Fala.	Estabelece interações positivas. Distribui a responsabilidade do ambiente de aprendizagem
82	A3	E também é bom porque não tem predadores lá e como não tem comida eles não têm parceiro.	
83	Professora	Então, ó (...) tudo isso que vocês falaram está certo, é o que o texto mostrou, não é? Pera aí, vamos ouvir o A8.	Estabelece interações positivas, onde interesses e opiniões contam.
84	A8	Dependendo da espécie do bicho ele não sobrevive em um lugar, num tem a comida que ele come.	
85	Professora	Isso. Então, a água de lastro que vai lá no navio interfere na vida marinha?	Propõe questões. Promove oportunidades para que os estudantes reflitam sobre a situação.

O quadro anterior apresenta, mais uma vez, o esforço da professora em promover a análise dos resultados alcançados, a interpretação do que foi lido pelos alunos levando-os a refletir sobre possíveis soluções para as questões colocadas pela docente, por meio de uma metodologia aberta, que proporciona o questionamento e a investigação. Ao mesmo tempo, a professora promove questões que levam os próprios estudantes a estabelecer relações com o cotidiano e com questões ambientais.

No turno 78, por exemplo, o aluno reconhece o fato de que os navios de carga também provocam impactos no ambiente, já que a água de lastro pode transportar animais para lugares onde não haja alimento. Verifica-se que o aluno utiliza uma linguagem simples, com erros gramaticais, mas é importante o fato de ele conseguir apresentar suas ideias, estabelecer relações do que está sendo aprendido em sala com questões do cotidiano.

Já no turno 84, o aluno A8 demonstra construir ideias sobre o conceito de cadeia alimentar, também já apresentada por outros durante a aula. Em outros momentos desse diálogo, há outras relações feitas pelos estudantes, nem todas válidas, mas que ajudam a professora a conhecer as hipóteses dos estudantes, e retroalimentar o ensino para o alcance dos objetivos em sala de aula.

Em todos os momentos, a professora promove oportunidades para que os estudantes: desenvolvam competências científicas, levantem hipóteses, construam explicações; ela estabelece interações positivas no ambiente de aprendizagem, além de, como já apresentado, promover um ensino que estabeleça relações entre Ciência, Tecnologia, Sociedade e Ambiente; e, também trabalha-se o tempo todo em clima de investigação coletiva, o que, ainda, é uma forma de inserir os estudantes no universo da Ciência.

Considerações finais

Toda atividade de ensino, implícita ou explicitamente, traz consigo certa intencionalidade. Já é conhecido o papel da interdisciplinaridade no ensino, do diálogo, das trocas de ideias, e do trabalho em grupo, porém, quando pensamos no ensino de Ciências, esses aspectos trazem, ainda, outro significado.

Em geral, podemos observar que as aulas tradicionais de Ciências no Ensino Fundamental (que, muitas vezes, nem ocorrem) trazem certa mecanização do ensino, baseando-se em decorar conceitos e fatos, sem se preocupar com o estabelecimento de relações, e com aspectos relacionados à Alfabetização Científica dos alunos, e consequentemente ao ensino de características sobre o conhecimento científico.

É observado nos pequenos trechos de aula apresentados que a proposta de ensino já se preocupa com tais questões, e que o professor conduz a atividade em sala de aula a fim de destacar esses aspectos, estabelecendo relações, ao proporcionar a socialização dos estudantes, o levantamento de hipóteses, a integração com outros campos de conhecimento, ou seja, o ensino de aspectos e processos característicos do conhecimento científico.

Entendemos o papel do professor como essencial nesse processo, pois é ele quem vai desenvolver as atividades, gerando, ou não, a possibilidade dessas relações, de um trabalho mais aberto, promovendo oportunidades para que os estudantes desenvolvam competências científicas.

Como já apresentado na obra de Carvalho et al. (1998, p. 36),

> É o professor que propõe problemas a serem resolvidos, que irão gerar ideias que, sendo discutidas, permitirão a ampliação dos conhecimentos prévios; promove oportunidades para reflexão, indo além das atividades puramente práticas; estabelece métodos de trabalho colaborativo e um ambiente na sala de aula em que todas as ideias são respeitadas (...) Ele deve perguntar, estimular, propor desafios, encorajar a exploração de ideias, permitindo que todos tenham oportunidade de expor suas ideias e transmitir informações novas.

Assim, como apresentado, a metodologia de trabalho possui relações diretas com os processos a serem ensinados, uma vez que concordamos que os alunos desenvolvem melhor sua compreensão conceitual e aprendem mais sobre a natureza da Ciência quando participam em investigações científicas, com as devidas oportunidades e apoio para a reflexão.

Espera-se que o trabalho com métodos mais condizentes com a construção do conhecimento científico e não apenas com a mecanização de ensino não apenas combatam a construção de visões não adequadas sobre esse campo de conhecimento, mas, mais ainda, que levem os estudantes a construir visões mais amplas e contextualizadas sobre esse conhecimento.

A própria mídia que, em geral, mistifica os processos da Ciência pode ser utilizada como aliada na discussão sobre a Ciência e suas relações – o Ambiente, a Tecnologia. Um exemplo foi o debate que houve entre a comunidade científica para a classificação ou não de Plutão como planeta, observando-se assim que o conhecimento científico não é uma construção de gênios que trabalham isoladamente, mas que se dá a partir de discussões entre seus pares. Outra questão emergente na mídia são as discussões em torno do aquecimento global, que trazem controvérsias, hipóteses, questionamentos, o que pode ser aproveitado para gerar um debate sobre aspectos da Ciência.

Como já colocamos, é, portanto, necessário que nós professores trabalhemos nossas concepções de Ciência e, consequentemente, as concepções sobre o ensino dessa área de conhecimento.

Referências bibliográficas

BACHELARD, G. *A formação do espírito científico* – Uma contribuição para a psicanálise do conhecimento. Rio de Janeiro: Contraponto, 1996.

BRICCIA, V.; CARVALHO, A. M. P. Visões sobre a natureza da Ciência construídas a partir do uso de um texto histórico em sala de aula. *Revista Electronica de Enseñanza de las Ciencias*, v. 10, n. 1, p. 1-22, 2011.

BORGES, M. R. R. *Em debate*: Cientificidade e educação em ciências. Porto Alegre: SE/CECIRS, 1996.

CACHAPUZ, A. et al. (Orgs.). *A necessária renovação do ensino de ciências*. São Paulo: Cortez, 2005.

CARVALHO, A. M. P. et al. *Ciências no Ensino Fundamental* – O conhecimento físico. São Paulo: Scipione, 1998.

CHALMERS, A. F. *O que é Ciência, afinal?* São Paulo: Editora Brasiliense, 1993.

ESTADOS UNIDOS [1998]. *Accomplished practices*. California Department of Education. Disponível em: <www.fldoe.org/dpe/pdf/AccomPractices_11-09-07.pdf>. Acesso em: 28 out. 2010.

FRASER, B. J. Classroom learning environments. In: ABELL, S.; LEDERMAN, K. L. (Eds.) *Handbook of research in Science education*. New Jersey: Erlbaum Associates USA, 2007.

GÁRCIA, B. et al. Modelo de evaluación de competencias docentes para la educación media y superior. *Revista Iberoamericana de Evaluación Educativa*, v. 1, n. 3, 2008.

GIL PÉREZ, D. Contribuición de la historia y de la filosofía de las ciencias al desarrolo de un modelo de enseñanza/aprendizaje como investigación. *Enseñanza de Las Ciencias*, v. 11, n. 2, p. 197-212, 1993.

GIL-PÉREZ, D. et al. Para uma imagem não deformada do trabalho científico. *Ciência & Educação*, v. 7, n. 2, p. 125-153, 2001. Disponível em: <http://www.scielo.br/pdf/ciedu/v7n2/01.pdf>. Acesso em: 19 nov. 2012.

_____. (Eds.). *¿Cómo promover el interés por la cultura científica?* Una propuesta didáctica fundamentada para la educación científica de jóvenes de 15 a 18 años. Orealc/UNESCO, Santiago de Chile, 2005. Disponível em: <http://www.oei.es/decada/libro.htm>. Acesso em: 19 nov. 2012.

GIL-PÉREZ, D.; VILCHES, A.; FERREIRA-GAUCHÍA, C. Overcoming the Oblivion of Technology in Physics Education. In: VICENTINI, M.; SASSI, E. (Eds.). *Connecting research in Physics education with teacher education*. ICPE, 2008. Disponível em: <http://web.phys.ksu.edu/icpe/Publications/index.html>. Acesso em: 19 nov. 2012.

HODSON, D. In search of a meaningful relationship: An exploration of some issues relating to integration in science and science education. *International Journal of Science Education*, v. 14, n. 5, p. 541-566, 1992.

HODSON, D.; HODSON, J. Science education as enculturation: Some implications for practice. *School Science Review*, v. 80, n. 290, p. 17-24, 1998.

KHALICK, A.-E.; LEDERMAN, N. G. Improving Science teachers' conceptions of nature of Science: a critical review of the literature. *International Journal of Science Education*, v. 22, n. 7, p. 665-701, 2000.

KUHN, T. S. *A estrutura das revoluções científicas*. São Paulo: Perspectiva, 2000.

PERRENOUD, P. *Dez novas competências para ensinar*. Porto Alegre: Artmed, 2000.

SASSERON, L. H. *Alfabetização científica no Ensino Fundamental* – Estrutura e indicadores deste processo em sala de aula. São Paulo, 2008. Tese (Mestrado) – Universidade de São Paulo.

SASSERON, L. H.; CARVALHO, A. M. P. Almejando a alfabetização científica no ensino fundamental: A proposição e a procura de indicadores do processo. *Investigações em Ensino de Ciências*, v. 13, n. 3, p. 333-352, 2008.

TOULMIN, S. T. *La compreension humana*. Madri: Alianza Editorial, 1977.

8
A Biologia e o ensino de Ciências por investigação: dificuldades e possibilidades

Daniela Lopes Scarpa
Maíra Batistoni e Silva

Introdução

Os conteúdos de Biologia estão presentes de maneira bastante intensa na disciplina Ciências Naturais do Ensino Fundamental. Esse aspecto é evidenciado nos Parâmetros Curriculares Nacionais para o Ensino Fundamental do primeiro e segundo ciclos (Brasil, 1997) nos blocos temáticos sugeridos: *ambiente; ser humano e saúde; e recursos tecnológicos*.

Para o desenvolvimento do bloco temático *ambiente* são trabalhados, com frequência, conteúdos como cadeias e teias alimentares, níveis tróficos (produção, consumo e decomposição), ciclo dos materiais e fluxo de energia, dinâmica de populações e ecossistemas. Para o estudo das questões ambientais, se faz necessária uma abordagem que leve em consideração as relações de interdependência entre seres vivos e ambiente, objetos de estudo de um ramo importante da Biologia, a ecologia.

No que se refere ao bloco *ser humano e saúde*, importa abordar as relações fisiológicas e anatômicas de cada sistema e entre sistemas para que o aluno compreenda o corpo humano como um todo integrado que interage com o ambiente biológico, natural, social e cultural.

Conteúdos relacionados aos avanços tecnológicos na área da medicina, agricultura, criação de animais e alimentação, em associação a aspectos éticos, estão presentes no bloco *recursos tecnológicos* e também envolvem conceitos estudados pela Biologia.

Os temas e conteúdos exemplificados anteriormente são trabalhados, com frequência, nos cinco primeiros anos do Ensino Fundamental e estão contidos em diversas coleções didáticas aprovadas pelo Plano Nacional do Livro Didático (PNLD). Mas, como estes assuntos podem ser trabalhados de tal forma que contribuam para que os estudantes compreendam a natureza da Ciência e se aproximem dos objetivos da alfabetização científica?

Este texto procura responder a essa questão, propondo o ensino por investigação como metodologia privilegiada para que os conteúdos de Biologia sejam mais integrados, relevantes, contextualizados e contribuam de modo efetivo para o aprendizado de habilidades envolvidas no fazer científico.

Embora os objetivos de Ciências Naturais para os dois primeiros ciclos do Ensino Fundamental, de acordo com os PCNs, englobem habilidades relativas à atividade científica, tais como observar e identificar características; realizar experimentos simples; elaborar classificações; formular perguntas e suposições; organizar e registrar informações; comunicar de diversos modos perguntas; suposições; dados e conclusões utilizando as informações obtidas para justificar suas ideias, alguns pesquisadores da área de ensino de Ciências e Biologia apontam para o caráter descritivo, memorístico e descontextualizado adotado por professores desta disciplina. Especialmente com relação às Ciências Naturais do Ensino Fundamental, Krasilchik (2004) afirma que:

> Em geral, não se nota preocupação com aspectos importantes, como as relações que dinamizam o conhecimento, os métodos e os valores das ciências biológicas. São apresentados e cobrados conhecimentos factuais, muitas vezes irrelevantes e desconexos às outras áreas da disciplina Ciências e às demais disciplinas do currículo.

Muitas vezes são feitas menções ao cotidiano nas salas de aula de Ciências, utilizando-se a linguagem científica para descrever situações próximas dos alunos, como nomear cientificamente agentes infecciosos e processos de desenvolvimento de doenças, acreditando que, desse modo, por si só já se constitui um ensino mais contextualizado. No entanto, tal aspecto não torna o ensino de Ciências mais relevante e significativo para o indivíduo, já que continua sem explorar as dimensões sociais nas quais os fenômenos se inserem.

> Muitas vezes, essa aparente contextualização é colocada apenas como um pano de fundo para encobrir a abstração excessiva de um ensino puramente conceitual, enciclopédico, de cultura de almanaque. Nessa visão, são adicionados cada vez mais conteúdos ao currículo, como se o conhecimento isolado por si só fosse a condição de preparar os estudantes para a vida social. (Santos, 2007, p. 4 e 5)

Na tentativa de superar os aspectos negativos dessa realidade constatada em muitas salas de aula de Ciências, as pesquisas indicam a necessidade de focar os objetivos do ensino de Ciências no desenvolvimento de habilidades pelos alunos de acordo com o almejado pelos princípios da alfabetização científica.

Alfabetização científica e ensino de Ciências por investigação

Desenvolver as habilidades que permitam ao indivíduo maior familiaridade com as inovações científicas e tecnológicas presentes em seu cotidiano é uma das preocupações do ensino de Ciências no enfoque da alfabetização científica.

Em consonância a essas preocupações, a Unesco (2005) apresenta como relevante o envolvimento social na formação científica e tecnológica do cidadão:

> [...] o ensino de Ciências é fundamental para a população não só ter a capacidade de desfrutar dos conhecimentos científicos e tecnológicos, mas para despertar vocações a fim de criar estes conhecimentos. O ensino de Ciências é fundamental para a plena realização do ser humano e a sua integração social. Continuar aceitando que grande parte da população não receba formação científica de qualidade agravará as desigualdades do país e significará seu atraso no mundo globalizado. (Unesco, 2005, p. 2)

Sasseron e Carvalho (2008) organizam as distintas abordagens do que os pesquisadores consideram a alfabetização científica em três *eixos estruturantes*: (i) compreensão básica de termos, conhecimentos e conceitos científicos fundamentais; (ii) compreensão da natureza da Ciência e dos fatores éticos e políticos que circundam sua prática e (iii) entendimento das relações existentes entre Ciência, tecnologia, sociedade e ambiente. Nesse sentido, para que se atinjam os objetivos da alfabetização científica, é necessário envolver essas diferentes e igualmente importantes dimensões da Ciência.

As autoras apresentam sequências didáticas elaboradas com o objetivo de abordar na primeira etapa do Ensino Fundamental os três eixos da alfabetização científica. Para a análise, elas criaram, com base na literatura e em dados, indicadores de alfabetização científica. Tais indicadores evidenciam o modo como um aluno reage e age quando se depara com algum problema durante a investigação; enfim, quais são as habilidades desenvolvidas pelos alunos durante a aplicação das sequências. Os indicadores são organizados em três grupos: um deles relaciona-se ao trabalho com os dados obtidos em uma investigação (organizar, classificar e seriar os dados de pesquisa); o segundo grupo engloba dimensões relacionadas à estruturação do pensamento (raciocínio lógico e raciocínio proporcional); e o terceiro grupo está ligado à compreensão da situação analisada (levantamento de hipótese, teste de hipótese, justificativa, previsão, explicação).

Ao apresentar como objetivo geral do ensino de Ciências a alfabetização científica, não basta apenas propiciar acesso ao fenômeno e mostrá-lo aos alunos. É necessário que haja uma introdução na forma como esses modelos são construídos e no modo particular de representar o mundo típico da Ciência.

Ao se considerar a investigação uma das características centrais da produção do conhecimento científico, utilizá-la nas aulas de Ciências é uma maneira de ensinar não só conteúdo científico, mas também as características que compõem a natureza desse conhecimento, além de utilizar a linguagem argumentativa, contemplando os três eixos estruturantes da alfabetização científica.

Das várias definições do ensino de Ciências por investigação, Jorde (2009) aponta quatro características essenciais que possibilitam diversas práticas. Para esse autor, o ensino de Ciências por investigação é o que envolve os alunos em: 1) atividades de aprendizagem baseadas em problemas autênticos; 2) experimentações e atividades práticas, incluindo a busca de informações; 3) atividades autorreguladas, isto é, que priorizam a autonomia dos alunos; e 4) comunicação e argumentação.

Jiménez-Aleixandre e Fernández-López (2010) argumentam que o ensino de Ciências por investigação é o que promove o desenvolvimento de processos associados à produção do conhecimento científico, especificamente, *produção, validação e comunicação*. Para os autores, esses três processos e suas práticas associadas podem ser utilizadas como estruturas para desenhar, caracterizar e analisar propostas de ensino. Nesse contexto, o ensino de Ciências por investigação é aquele que possibilita ao aluno, no que diz respeito ao processo de produção do conhecimento, identificar padrões a partir de dados, propor explicações com base em evidências, construir modelos, realizar previsões e rever explicações com base em evidências; em relação ao processo de validação do conhecimento, selecionar evidências para justificar uma explicação, construir argumento para relacionar dados e conclusões e empregar dados para tomar decisões; e, no que se refere ao processo de comunicação, discutir, escrever e comunicar aos colegas o conhecimento científico.

Nesse mesmo trabalho, os autores destacam que os estudantes desenvolvem essas práticas quando planejam e executam uma investigação, diferentemente de outras atividades nas quais os estudantes têm pouca ou nenhuma responsabilidade pelas decisões tomadas. Porém realizar uma investigação efetiva exige a mediação constante do professor, isto é, os alunos têm papel ativo, mas não realizam a investigação sozinhos. O nível de mediação e direcionamento do professor pode variar bastante, conforme seus objetivos educacionais, disponibilidade de tempo, conceitos a ser trabalhados, características dos estudantes, relações em turma e experiência do docente.

Em concordância com a visão construtivista de ensino de Ciências que prevê que a função do professor é a mesma de um pesquisador-orientador que guia seus alunos em seus estudos e os ajuda a entender, complementar ou até mesmo questionar resultados de experimentos, é possível se pensar em um *continuum* fundamentado no nível de mediação do professor para categorizar diferentes atividades de ensino com base em investigação. Há desde investigações para confirmação de determinada ideia, em que o problema, os procedimentos e as possíveis soluções são fornecidos pelo professor, até investigações abertas, na qual os estudantes têm a oportunidade de elaborar a questão, planejar os métodos de investigação e comunicar suas conclusões.

Levando-se em conta esses pressupostos, há na literatura sobre ensino de Ciências diversos trabalhos que propõem estruturas para o planejamento de sequências de atividades baseadas em investigação. Erduran (2006), por exemplo, descreve uma estrutura que consiste em *previsão – observação – explicação*, na qual os estudantes são instigados a argumentar, ao defender suas explicações, utilizando evidências empíricas. Neste mesmo artigo, a autora apresenta a estrutura das *teorias concorrentes*, em que os alunos devem avaliar quais das teorias apresentadas explicam de modo mais adequado determinado fenômeno e justificar tal escolha. Neste último caso, a História da Ciência tem papel central na elaboração das sequências didáticas.

Já Guisasola et al. (2006) propõem um modelo denominado *Developing guided research*, o qual se assemelha aos demais já apresentados (definição de problema e estratégia para resolvê-lo, coleta e análise de resultados e elaboração de explicação), porém traz uma novidade: os estudantes devem utilizar o novo conhecimento produzido na investigação em uma nova situação ou em situações mais complexas, nas quais poderão analisar as limitações de suas explicações.

Nessas e em outras pesquisas sobre o ensino de Ciências por investigação, os objetivos educacionais estão de acordo com o almejado pela alfabetização científica: ensinar conceitos e a natureza do conhecimento científico e promover a argumentação. Diferentemente do que é praticado na Ciência escolar, na qual as atividades dos estudantes são estruturadas com base no raciocínio por leis e símbolos manipulados para resolver problemas bem-definidos que produzem significados fixos e conceitos imutáveis, o ensino de Ciências por investigação teria o papel de propiciar o desenvolvimento de um raciocínio com base em modelos causais por meio de situações-problema, cujas resoluções produzem significados negociáveis e uma compreensão socialmente construída (Munford e Lima, 2007).

Por essas características, o ensino de Ciências por investigação também está de acordo com uma concepção construtivista de educação, a qual valoriza os processos comunicativos que ocorrem em sala de aula e o papel das interações entre os sujeitos na construção de significados.

Para Vygotsky (1998), qualquer aprendizado é parte integrante do desenvolvimento das funções psicológicas que caracterizam o indivíduo humano e pressupõe uma natureza social. Porém o autor diferencia a formação dos conceitos em situações cotidianas e em situações de aprendizagem sistematizada, de escolarização: apesar de constituir um único processo de formação de conceitos e de se influenciarem mutuamente, há diferenças quanto à gênese e ao funcionamento dos conceitos espontâneos e dos não espontâneos (científicos).

Enquanto os conceitos espontâneos são gerados a partir da experiência pessoal da criança com os signos, os científicos aparecem de forma deliberada, planejada e orientada. Para que ocorra o desenvolvimento de conceitos científicos, o aprendizado deve focar naquilo que a criança consegue realizar com a ajuda de outro mais competente, ou seja, deve-se estabelecer uma *zona proximal de desenvolvimento* na qual, por meio da *mediação* do professor ou de outras crianças, seja possível ao sujeito resolver problemas que sozinho não conseguiria. Assim, embora a aprendizagem, em ambos os casos seja dependente do contato com o outro, no primeiro caso, este pode ou não estar presente fisicamente no processo; já no segundo caso, a presença de um indivíduo mais experiente da cultura (professor ou outros alunos) é essencial para que ocorram os avanços que não ocorreriam de forma espontânea.

Em consequência, é na interação que a significação se produz, e o outro tem um papel mediador fundamental na aprendizagem. Esse desenvolvimento é possibilitado por estratégias didáticas que favoreçam a cooperação, a negociação, a argumentação em sala de aula.

Etapas do ensino de Ciências por investigação

Inspirados por historiadores e filósofos da Ciência, que, a partir da década de 1950, começaram a defender que o conhecimento científico é influenciado pelas teorias que o investigador possui e são compartilhados por uma comunidade científica, alguns autores da área da educação em Ciências sugerem que os currículos de Ciências deveriam incorporar os procedimentos e práticas científicos para a construção de modelos explicativos sobre o mundo natural.

Nesse sentido, a investigação científica, com todas as suas características, deveria estar mais presente no ensino de Ciências.

Em países da América do Norte e da Europa, o ensino de Ciências por investigação é uma metodologia bastante discutida e consagrada nos documentos oficiais, que chamam a atenção de que fazer e compreender a investigação científica envolve o desenvolvimento de habilidades como observação, inferência, levantamento e teste de hipóteses, utilizando-se das teorias científicas para construir explicações (Munford e Lima, 2007). Nos parâmetros curriculares norte-americanos, as etapas essenciais presentes no ensino por investigação são:

- o engajamento em perguntas de orientação científica;
- a utilização de evidências para responder às questões;
- a formulação de explicações a partir das evidências;
- a avaliação dessas explicações à luz de outras alternativas, especialmente as científicas;
- a justificativa e a comunicação das explicações propostas.

No Brasil, o Laboratório de Pesquisa em Ensino de Física da Faculdade de Educação da Universidade de São Paulo (LaPEF) elaborou diversas sequências didáticas que trabalham conceitos físicos, como pressão, sombra, luz, densidade, equilíbrio, voltados para os primeiros ciclos do Ensino Fundamental.[1] As atividades de conhecimento físico são desenvolvidas em etapas bem-definidas com o intuito de que as habilidades envolvidas em uma investigação científica sejam exercitadas pelos alunos.

Na primeira etapa, o professor propõe o problema físico e disponibiliza os materiais necessários para a sua resolução. O problema deve ser uma pergunta simples, objetiva e desencadear a ação dos estudantes sobre o material de experimentação para resolvê-lo. Em seguida, os alunos em grupos manipulam o material a fim de conhecê-lo melhor. Cabe ao professor, nesse momento, verificar se os grupos entenderam o problema proposto. Familiarizados com os objetos, os alunos buscam a solução do problema por meio da ação sobre eles. Depois que os alunos chegam à resolução do problema, o professor convida-os a organizar a sala para realizar uma discussão, que se inicia com o relato voluntário de *como* fizeram para resolver o problema. Somente depois de esgotados

---

[1] Os vídeos das atividades estão publicados em http://paje.fe.usp.br/estrutura/index_lapef.htm. Acesso em: 26 nov. 2012. Para outras atividades e materiais produzidos pelo LaPEF, acessar http://www.lapef.fe.usp.br/index.html.

os relatos, o professor pergunta *por que* os materiais sofreram determinadas reações quando manipulados com o objetivo de proporcionar uma reflexão sobre tais relações de causa e efeito. Nem todos os alunos chegam às mesmas explicações e não há necessidade de uma resposta padronizada. Em seguida, o professor aproveita situações familiares dos alunos para contextualizar o problema e relacioná-lo com o cotidiano. Por fim, os alunos são convidados a registrar, na forma de texto e/ou desenho, como resolveram o problema e por que obtiveram tais resultados.

É muito interessante verificar, na aplicação dessas atividades, como os estudantes interagem com os objetos e também entre si na resolução do problema. Ao estimular a cooperação entre os integrantes do grupo e entre os grupos, as investigações possibilitam que, mesmo aquelas crianças com dificuldades em aprender Ciências da maneira tradicional, conseguem produzir significados nas aulas de Ciências, por meio do estabelecimento de zonas proximais de desenvolvimento, e se apropriar de conceitos e processos típicos da natureza da Ciência.

Enquanto atividades de investigação são desenvolvidas para o conhecimento físico no Brasil, são poucas as iniciativas que contemplam os conteúdos de Biologia do currículo de Ciências de maneira investigativa, ou seja, que proporcione o desenvolvimento de habilidades envolvidas nas atividades científicas específicas dessa área do conhecimento. Acredita-se que a falta de iniciativas desse tipo possa refletir dificuldades relacionadas à própria natureza do conhecimento biológico.

Ensino de Biologia por meio da investigação: dificuldades

Nada em biologia faz sentido exceto à luz da evolução.

A epígrafe desse tópico é o título dado por Dobzhansky (1973), importante biólogo ucraniano da primeira metade do século XX, a um artigo sobre a importância da evolução como uma teoria unificadora para a biologia, teoria que explica tanto a diversidade como a unidade das formas de vida no planeta.

A Biologia somente passou a ser considerada uma ciência unificada durante o século XX, quando a teoria da evolução dos seres vivos (principalmente o conceito de seleção natural proposto por Charles Darwin [1809-1913]), com o desenvolvimento da genética molecular (com as explicações sobre hereditariedade), passou a oferecer possibilidades de releituras em todos os campos da Biologia. A ecologia, a citologia, a fisiologia, por exemplo, incorporaram metodologias experimentais mais sofisticadas e explicações evolutivas para seus dados de pesquisa. Antes disso, predominavam os ramos mais descritivos da História Natural (conhecidos como zoologia e botânica), e os estudos em citologia, embriologia e fisiologia com tradições mais experimentais (Marandino, Selles e Ferreira, 2009).

Apesar de seu estabelecimento como Ciência autônoma se dar apenas em meados do século XX, a origem da Biologia remonta à Antiguidade Clássica, quando filósofos gregos encaravam os fenômenos biológicos de perspectivas da medicina e da história natural. A observação e a descrição foram e ainda são métodos essenciais no desenvolvimento dessas áreas. Assim, a partir da observação e descrição de animais domésticos no que se refere a comportamento individual, nascimento, crescimento, nutrição, doença, morte e sua comparação com animais selvagens e com o ser humano, os gregos antigos contribuíram para a pesquisa na anatomia e medicina. A tradição descritiva predominou nas ciências biológicas durante muito tempo e, ainda, é considerada extremamente importante para sustentar os estudos comparativos que embasam as explicações causais sobre a evolução dos seres vivos (Mayr, 1998).

Pelo fato de nem sempre os problemas biológicos poderem ser resolvidos por meio de experimentos controlados em laboratório, a Biologia foi considerada uma ciência de menor importância, já que o experimento é visto por alguns filósofos da Ciência e, mesmo pelo público em geral, como o método científico capaz de "provar" fenômenos e permitir a construção de explicações.

Atualmente, no entanto, pesquisadores concordam que, embora a metodologia experimental tenha um papel fundamental em várias áreas da Biologia, o método observacional-comparativo é extremamente importante no fornecimento de hipóteses e respostas para muitos problemas biológicos.

> A observação conduziu à descoberta de faunas e floras estranhas, e tornou-se a base da biogeografia; a observação revelou a diversidade da natureza orgânica e conduziu ao estabelecimento da classificação dos seres vivos e à teoria da ascendência comum; a observação conduziu aos fundamentos da etologia e da ecologia. A observação, na biologia, forneceu, provavelmente, mais conhecimentos do que todos os experimentos juntos. (Mayr, 1998, p. 49)

Fundamenta-se, nesse ponto, uma das dificuldades de se propor atividades de investigação com temas de Biologia: nem todos os conteúdos biológicos trabalhados nos currículos de Ciências são passíveis de experimentos clássicos. Talvez poucos deles sejam. No entanto, é comum a concepção de que o ensino de Ciências por investigação envolve necessariamente atividades práticas ou experimentais.

Depois da publicação de *A origem das espécies*, em 1859, em que Darwin introduz o conceito de seleção natural para explicar como ocorre o processo de evolução dos seres vivos, ficou evidente que muitos conceitos básicos das ciências físicas não eram aplicáveis à Biologia e que esta possuía princípios e conceitos específicos (Mayr, 2005).

Um desses princípios é a propriedade emergente dos sistemas biológicos, isto é, tais sistemas são tão ricos e complexos que novas propriedades surgem quando são analisados em níveis mais abrangentes de integração. Por esse motivo, a compreensão do funcionamento de determinado sistema biológico não pode se dar de modo completo pela análise de suas partes. Para o desenvolvimento de atividades experimentais em sala de aula, esse princípio pode tornar-se um problema, pois o número de variáveis passível de ser analisado no espaço e no tempo da sala de aula é muito restrito quando comparado à complexidade dos sistemas biológicos; além disso, as interações entre seus componentes não pode ser negligenciada, pois são essenciais para a compreensão da Biologia.

Por exemplo, não podemos concluir sobre a dinâmica de uma comunidade biológica, analisando as populações que a constituem separadamente; a *relação presa-predador* interferirá em propriedades importantes das populações que participam dessa interação, como seu tamanho e distribuição. Outro exemplo refere-se ao estudo do corpo humano; é essencial que os alunos compreendam as relações entre os diferentes órgãos e sistemas que funcionam de forma integrada; mas como fazê-lo experimentalmente sem esbarrar em questões éticas fundamentais, como o uso de seres vivos como cobaias ou mesmo a experimentação com seres humanos?

O processo evolutivo dos seres vivos é resultado de uma interação de diversos fatores, até o acaso. As variações genéticas nas populações podem surgir por mutações ao acaso, por exemplo. Entender o papel do acaso no processo evolutivo dos seres vivos e redimensionar a importância de relações estritamente casuísticas é, portanto, essencial para que os alunos desenvolvam as habilidades das atividades científicas específicas da Biologia. Porém, ao priorizar o ensino por investigação, é difícil estabelecer atividades de experimentações práticas em que se evidencie o papel do acaso, pois o número de amostragens deve ser grande, o que é muito difícil de garantir na escala temporal e espacial com a qual normalmente se trabalha nas salas de aula.

Também em relação à necessidade de várias amostragens em experimentos biológicos, podemos associar a ideia de biopopulação, que, de acordo com Mayr (2005), é um conceito fundamental para a Biologia. Enquanto o mundo inanimado pode ser constituído por classes em que os membros de cada uma podem ser considerados idênticos ou com variações irrelevantes, em uma biopopulação, ao contrário, cada indivíduo é único. Dessa forma, vamos considerar que, para a compreensão da Biologia como uma ciência autônoma, os alunos precisam entender que as propriedades das populações mudam de acordo com os indivíduos que as constituem e, além disso, os processos observados em um indivíduo podem não ocorrer da mesma forma em outro. Esse tipo de compreensão sobre a dinâmica das populações, assim como da importância do acaso nos processos evolutivos, só pode ser alcançado experimentalmente com a análise de diversos indivíduos.

Destacando apenas esses princípios e conceitos da Biologia já podemos identificar algumas dificuldades de se propor um ensino por investigação com atividades práticas ou experimentais sobre temas biológicos.

Apesar de os Parâmetros Curriculares Nacionais Norte-Americanos para o ensino de Ciências (NRC, 1996) indicar que uma pergunta de orientação científica deve levar a investigações empíricas, à coleta e ao uso de dados para desenvolver explicações para fenômenos, a palavra *empírica* pode ser lida de diversas formas. Não necessariamente os dados de uma investigação precisam ser originados em uma experimentação. Estes podem ser coletados a partir de observações do mundo natural, de comparações entre fenômenos, de fontes de pesquisas diversas (livros, internet, filmes), de jogos ou simulações entre outros, dependendo da pergunta inicial e também do tipo de resposta que se quer alcançar.

Niko Tinbergen enfatizou, em 1963, que há quatro maneiras diferentes de responder à questão "por quê?" em Biologia: em termos funcionais, causais, de desenvolvimento e de história evolutiva. Por exemplo, ao se perguntar "Por que algumas espécies de passarinhos cantam na primavera?", poderia ser respondido de diversas maneiras:

1. No que se refere a funcionalidade, cantam para atrair parceiras para o acasalamento.
2. Em termos causais, cantam porque o aumento da duração da fase clara do dia desencadeia mudanças nos níveis hormonais.
3. No que se refere a desenvolvimento, cantam porque eles aprenderam os cantos de seus pais e vizinhos.
4. Em termos evolutivos, cantam porque tal comportamento foi selecionado em seus ancestrais, pois aumentava a sobrevivência e o sucesso reprodutivo dos indivíduos que cantavam.

Sem especificar qual o tipo de resposta esperado, qualquer uma das listadas anteriormente é válida para a pergunta "Por que algumas espécies de passarinhos cantam na primavera?", pois são explicações que abrangem diferentes níveis de análise no tempo e no espaço. Considera-se que a compreensão, por parte dos alunos, de que as perguntas do tipo "por quê?", possibilitam investigações em diferentes escalas temporais e/ou espaciais, é uma habilidade relacionada às atividades científicas da Biologia que deve ser valorizada ao se propor atividades de ensino por investigação.

Dessa forma, caso parta do pressuposto de que a investigação pode acontecer em diferentes escalas, deve-se admitir também que a forma de se obter dados será distinta para cada uma delas e que, na maioria das vezes, não será possível realizar uma experimentação (para o período de aula, processos que demoram apenas algumas horas já são difíceis de serem abordados com experimentações, além disso, no espaço da sala de aula, muitos processos biológicos não podem ser experimentados, seja porque a escala espacial é muito pequena e não pode ser observada a olho nu, ou muito grande e não cabe no espaço da escola ou de seus arredores).

Essa ideia está de acordo com alguns pesquisadores da área de ensino de Ciências que defendem a necessidade de uma proposta metodológica pluralista para a educação científica, pois partem do pressuposto de que todo processo de ensino-aprendizagem é altamente complexo, mutável no tempo, envolve múltiplos saberes e está longe de ser trivial (Laburu, Arruda e Nardi, 2003).

Acredita-se que, apesar das dificuldades muitas vezes resultantes das características da Biologia como uma Ciência autônoma, o ensino por investigação poderia ampliar as fontes potenciais de dados para os estudantes, ao incorporar a noção de pluralismo metodológico. Acredita-se também que mesmo as atividades investigativas possam se utilizar de uma diversidade de modalidades didáticas, já que cada situação exige uma solução própria e a variação, além de contribuir para que os estudantes desenvolvam diferentes habilidades das ciências biológicas, pode atrair o interesse dos alunos.

Ensino de Biologia por investigação: dois exemplos

Apresenta-se aqui duas iniciativas interessantes que tentam transformar o ensino de Biologia em algo mais dinâmico, interessante, criativo e investigativo e buscam superar as dificuldades discutidas anteriormente.

Nessa direção, o Instituto de Ecologia e Biodiversidade do Chile (Instituto de Ecología y Biodiversidad – IEB[2]) apresenta uma proposta pedagógica enfocada nas ciências naturais e ecologia intitulada *Enseñanza de la Ecología en el patio de la escuela* (Arango, Chaves e Feinsinger, 2009). Levando-se em conta iniciativas locais de observação do pátio e arredores da escola, considerado um ambiente rico em animais, vegetais e interações ecológicas, que muitas vezes recebe pouca atenção, os autores propõem um ciclo de indagação como ferramenta de investigação e ensino: elaboração de uma **pergunta** que surge da observação do entorno, seguida da **ação** – uma forma de coletar evidências para responder à pergunta com a elaboração de desenhos experimentais, coleta e análise de dados e, finalmente, a **reflexão** – etapa de avaliação dos resultados obtidos e dos passos anteriores e realização de possíveis extrapolações que possam conduzir a um novo ciclo de indagações.

Por meio dessa proposta, é possível explorar conteúdos da ecologia de maneira interdisciplinar com outras ciências naturais, matemática, ciências sociais, línguas e outras, e, à medida que os ciclos de indagação vão favorecendo a construção do conhecimento, do raciocínio e do pensamento crítico, os estudantes podem reconhecer as consequências das ações humanas em seu entorno e no planeta e se tornam mais aptos a tomar decisões.

Para entender melhor as etapas envolvidas no ciclo de indagação, vamos analisar um exemplo de atividade de investigação sobre conteúdos de Biologia adequada para os primeiros ciclos do Ensino Fundamental e inserida no bloco temático *ambiente*.[3]

Título: Investigação da distribuição de minhocas no pátio da escola
Inquietude: as minhocas são animais de corpo mole que vivem enterradas no solo na maior parte do tempo. À medida que cavam, "comem" o solo. Isso significa que o solo entra pela boca da minhoca e seu sistema digestório processa os pequenos pedaços de matéria em decomposição (por exemplo, fragmentos muito finos de folhas) em material ainda menor, transformando-os em nutrientes. O que sobra sai pela outra extremidade da minhoca. Com essa ação, as minhocas fertilizam e arejam o solo, contribuindo significativamente para sua fertilidade. Será possível que as minhocas, como a maioria dos seres vivos, prefiram certas condições de habitat e clima? Se for assim, quais seriam essas preferências? Será possível que prefiram o solo pisoteado ao solo não pisoteado para viver?
Pergunta: Nesta manhã, como varia o número de minhocas encontradas em buracos de 30 × 30 × 20 cm, entre zonas de solo pisoteado e zonas de solo não pisoteado pelo pátio de nossa escola?
Desenho e metodologia: o professor divide o grupo em equipes de três ou quatro alunos. Inicialmente, metade das equipes é responsável por setores do pátio que não estão pisoteados (por exemplo, o jardim ou os lados de um caminho) e a outra metade é responsável por áreas pisoteadas (como a trilha de um caminho ou um campo de

---

[2] Disponível em: <http://www.ieb-chile.cl>. Acesso em: 26 nov. 2012.
[3] Essa atividade foi extraída de Arango, Chaves e Feinsinger, 2009.

futebol). Cada equipe define uma zona de aproximadamente um metro de diâmetro, separada por, no mínimo, dois metros das demais zonas. No meio de sua zona, a equipe cava um buraco recolhendo o solo escavado em baldes ou plásticos. A equipe contabiliza todas as minhocas que encontraram na terra escavada e registra o número encontrado. Agora, cada equipe busca e investiga uma segunda zona com o mesmo procedimento, mas alterando o tipo de solo. Quer dizer, as equipes que antes trabalharam com zonas de solo pisoteado agora trabalham com zonas de solo não pisoteado e vice-versa. Desse modo todas as equipes podem aprender sobre os dois tipos de solo e seus habitantes.

As regras: para cada uma das zonas (casos/amostras), os grupos de alunos cavam um buraco de 30 × 30 cm de superfície e 20 cm de profundidade: unidade padrão. As minhocas encontradas nessas amostras são contabilizadas e mantidas com terra úmida para não morrerem até que todas as amostras de solo sejam registradas. Ao terminar, as equipes devolvem cuidadosamente as minhocas ao solo considerando o local que mais se assemelha ao da coleta. Finalizado o trabalho, os grupos reúnem-se para resumir e registrar os dados, discutir o observado e preparar a apresentação para toda a classe. Os dados podem ser apresentados no formato de tabela ou gráficos de diversos tipos (barras, por exemplo).

Pontos de partida para a reflexão: algumas questões podem orientar a análise dos dados encontrados. Muitas delas levam a novas perguntas e novas investigações.

- O que dizem os resultados em relação à pergunta? Há mais minhocas por amostra nas zonas de solo pisoteado ou não pisoteado?
- A diferença entre o que foi encontrado nas duas classes de solo foi relevante ou reduzida?
- Ao selecionar somente os resultados das zonas de solo pisoteado, o número de minhocas variava entre um e outro buraco ou sempre era o mesmo?
- As minhocas tinham preferências explícitas por um tipo de solo ou houve exceções?
- Caso haja exceções, que outros fatores não contemplados na pergunta poderiam ter ocasionado essa variação entre as amostras de uma mesma classe de solo?
- O desenho experimental é o melhor possível?
- O que teria acontecido se todas as zonas escolhidas de solo não pisoteado estivessem de um lado do pátio e as de solo pisoteado estivessem do lado oposto? Esse desenho seria melhor ou pior?
- As amostras tiveram um tamanho apropriado? Seria possível desenhar uma investigação para selecionar o melhor tamanho para as amostras? Como seria tal investigação?
- Como as características do solo, como a disponibilidade de ar, a unidade, a dureza podem receber interferência do pisoteio? Como investigar isso? Qual solo parecia mais duro? Qual parecia mais úmido? Como poderia ser medido? Que outras características do solo poderiam afetar a abundância das minhocas?
- Pode-se especular sobre âmbitos mais amplos, para além dos buracos analisados? Em uma horta ou jardim de flores, que efeito teria sobre as minhocas compactar o solo com os pés ou com uma pá? Será que as plantas crescem em solos compactados ou não compactados? Será que todas as plantas se comportariam de modo semelhante? Como esse aspecto poderia ser investigado?
- Mudando de escala, será que a presença de turistas afetaria os seres vivos que habitam reservas naturais? Como as minhocas e outros animais do solo seriam afetados por diferentes práticas agrícolas?

Vejamos as características da pergunta que é o ponto de partida da investigação. É uma pergunta passível de resposta e que exige a elaboração de um desenho experimental para ser respondida. Na própria pergunta já está claro o que se vai comparar, o que se vai observar e registrar e também o tempo e o espaço em que a investigação está restrita. É simples e direta, não utilizando linguagem demasiado científica e não exigindo o uso de tecnologias sofisticadas para ser respondida.

Outra característica importante é o fato de não haver uma resposta conhecida. Além de favorecer os alunos a se engajarem na busca de soluções, esse aspecto revela uma concepção de ensino-aprendizagem na qual um dos objetivos do ensino de Ciências é promover uma crescente autonomia dos estudantes na tomada de decisões sobre o processo de resolução de problemas.

Apesar de não haver resposta conhecida, a pergunta inicial deve ter como resposta uma descrição de *como* as minhocas se distribuem entre zonas de solo pisoteado e zonas de solo não pisoteado. Questões do tipo *"por quê?"* vão surgir na fase de reflexão, na qual o professor pode realizar extrapolações que possam conduzir a um novo ciclo de indagações.

O mesmo conteúdo conceitual poderia ser abordado de maneira descritiva e memorística. Uma aula expositiva poderia ser imaginada na qual o professor apresentaria aos alunos as preferências das minhocas por determinados tipos de solo, já explicando as razões pelas quais esse ser vivo se distribui dessa maneira. Nesse caso, a resposta à questão sobre qual seria o padrão de distribuição desses seres vivos entre diferentes classes de solo teria uma única resposta correta com base na autoridade do professor ou do material didático.

Ao se esquivar de enunciados em que somente há uma resposta correta ou problemas tão abertos que só podem verificar aquilo que o professor espera que eles saibam (como em um jogo de adivinhação), perguntas, como a exemplificada na atividade anterior, incentivam a cooperação entre os alunos na realização das tarefas e a manifestação de diferentes pontos de vista na interpretação e análise dos dados.

Uma vez que se tenha o cuidado na elaboração da situação-problema de acordo com as características apontadas anteriormente, os alunos são estimulados a colher dados que servirão de evidências para apoiar suas respostas. Para isso, terão de construir um desenho experimental, planejando passo a passo o que será realizado. No desenho, algumas decisões terão de ser tomadas e detalhadas com relação à pergunta: quantas amostras serão analisadas; o que se vai medir e como serão as feitas as medidas; durante quanto tempo entre outros aspectos. Além disso, o plano deve prever como os dados serão registrados, organizados e classificados para que possam ser apresentados na sala de aula, importantes indicadores do processo de alfabetização científica.

A terceira etapa da atividade, chamada reflexão, requer que os estudantes tomem consciência dos resultados da investigação, com uso do raciocínio lógico para tecer explicações sobre o fenômeno encontrado. Nesse momento, eles são convidados pelo professor, que atua como mediador e orientador, a propor explicações que justifiquem os resultados encontrados. Assim como a pergunta inicial não tem uma resposta conhecida, nessa etapa as explicações também não são preestabelecidas pelo professor, isto é, não há uma resposta certa, o importante é como o aluno justifica suas conclusões. Apesar disso, do ponto de vista do conhecimento biológico (de acordo com a classificação de Tinbergen, 1963), são esperadas respostas como: "As minhocas preferem solos não pisoteados para conseguir mais alimentos" (funcional), "Foram encontradas mais minhocas em solos não pisoteados porque a locomoção é facilitada" (causal), "Tem mais minhoca no solo não pisoteado porque seus pais já viviam neste tipo de solo" (desenvolvimento), ou ainda, "Tem mais minhoca nos solos não pisoteados, pois estes têm as melhores condições para a sobrevivência destes animais, que acabam deixando mais descendentes do que as minhocas que vivem nos solos pisoteados" (história evolutiva). Como vimos anteriormente, qualquer uma dessas respostas é válida, porém essa atividade não pretende obter respostas para *o porquê*, o que pode ser desenvolvido em outra atividade por meio de outras estratégias.

Nessa proposta, habilidades como propor explicações com base em evidências, selecionar evidências para justificar uma explicação, construir argumentos para relacionar dados e conclusões e empregar outros dados para tomar decisões são privilegiadas. O desenho experimental e a forma de organização dos dados também são confrontados, de maneira que não somente os conteúdos conceituais sejam objeto de reflexão, mas todas as etapas da investigação científica. Finalmente, implicações mais amplas do estudo, considerando-se outros tempos e espaços, são discutidas, o que pode levar a novas perguntas e hipóteses.

Todas as etapas dessa atividade podem ter diferentes níveis de direcionamento e mediação do professor conforme o contexto. Com relação à pergunta, por exemplo, os estudantes podem engajar-se em uma questão dada pelo professor ou podem propor sua própria pergunta de investigação. Essa variação dependerá de vários fatores, como a faixa etária dos estudantes, seu nível de autonomia e compreensão das características de uma investigação científica, a experiência do professor nesse tipo de atividade, disponibilidade de tempo, o tema e conceitos a serem trabalhados. Esse raciocínio se aplica também à elaboração do desenho experimental, que pode ser realizado completamente pelos estudantes ou o professor pode se utilizar de dados fictícios ou reais e orientar sua análise. Enfim, há várias possibilidades de aplicação e adaptação da atividade para as diversas realidades de sala de aula.

Apesar desse exemplo de atividade de ecologia por investigação envolver experimentação, a natureza dos resultados e da análise é diferente de atividades de investigação sobre o conhecimento físico. Neste último caso, após os grupos de alunos conseguirem obter o efeito desejado, em todas as vezes que o experimento é repetido, o efeito obtido e, por consequência, a resposta ao problema, é exatamente a mesma, não há a possibilidade de variação e/ou exceções.

De outro modo, nas questões de reflexão da atividade proposta é vislumbrada a possibilidade de haver exceções. Como um dos resultados esperados, não é possível aos alunos concluírem: *todas* as minhocas vivem neste ou naquele tipo de solo. A Biologia e, especialmente, a Ecologia, possuem um olhar probabilístico, estatístico para o mundo. Assim, somente se pode tecer conclusões concretas para a maior parte das minhocas e naquelas condições específicas: em determinado horário da manhã, em uma amostra de solo com tamanho determinado, entre outras. Daí a importância dessas informações constarem da pergunta, orientando o olhar e a análise.

A existência das exceções não invalida os dados ou os resultados, pelo contrário, é necessário reconhecer os limites e as generalizações possíveis de realizar com essa metodologia. Assim, o momento da reflexão propicia a discussão sobre a natureza dessa Ciência, demonstrando uma de suas diferenças fundamentais com relação às ciências físicas e contemplando os objetivos da alfabetização científica.

A seguir, um exemplo de atividade de investigação que permite abordar outras especificidades da Biologia.

Título: Os seres que vivem aqui são os mesmos que vivem lá?

Inquietude: as crianças são expostas e conhecem diversos animais desde cedo. É muito comum nos livros de literatura infantil e em desenhos animados que os animais sejam alocados todos juntos em um mesmo habitat genericamente chamado floresta ou mata. No entanto, aos poucos torna-se evidente que nem todos aqueles animais conhecidos vivem no mesmo lugar. Elefante e girafa vivem na Savana africana. Onça-pintada só há na Mata Atlântica do Brasil. Que outros seres vivos somente existem aqui no Brasil ou na África? Por que essas diferenças acontecem?

Pergunta: Dos vinte animais apresentados, quais deles você distribuiria no diorama que representa uma floresta de Mata Atlântica brasileira? E quais deles você distribuiria no diorama de uma floresta de Savana africana?

Desenho e metodologia: o professor divide o grupo em equipes de quatro ou cinco alunos. A primeira tarefa dos grupos é construir dois dioramas, um que represente a Mata Atlântica e outro que represente a Savana. Os dioramas devem apresentar nesse momento somente a vegetação desses biomas.[4] Para realizar essa etapa, os alunos terão de pesquisar as características desses ambientes e tomar decisões sobre o que vão representar.

---

[4] Para um exemplo de diorama, acesse: <http://www.cienciaemrede.com.br/destaque/o-curioso-caso-do-sapo-da-caatinga-modelo-de-diorama-do-incttox/>.

A segunda etapa é responder à questão, inserindo os animais apresentados em cada um dos dioramas. Para isso, eles também terão de realizar uma pesquisa sobre a distribuição de animais nos biomas.

As regras:

a) **Sobre dioramas:**[5] do grego, dia significa através e horama significa para ver. Assim, diorama significa "para ver através". Nos museus de história natural, os dioramas são os cenários nos quais são representadas cenas reais de espécies animais e vegetais no ambiente natural. São considerados de grande valor educativo nos museus e, alguns autores defendem seu uso como ferramenta pedagógica também na escola por sensibilizar o público para a conservação, propiciar o contato com diversos ambientes (muitos deles que as pessoas não poderiam nunca visitar) em tempos diferentes (possibilitando a comparação do passado com o presente) e gerar discussões sobre conceitos biológicos (Oliveira; Monaco, 2010).

Na escola, a construção de dioramas difere um pouco do museu, por não ser necessária a atenção para as escalas originais e também pelo uso de material bastante simples, de papelaria. A estrutura do cenário é feita em uma caixa de papelão e, para a construção dos ambientes, podem ser utilizados os seguintes materiais: cartolinas de diferentes cores; papel de diferentes tipos e cores (como o crepom); canetas, lápis e giz de diversas cores; barbante; cola; tesoura; massa de modelar; folhas secas, galhos, flores e frutos de jardim; conchas e corais; miniaturas de plantas e animais.

Os animais fornecidos pelo professor na segunda etapa podem ser miniaturas plásticas dos animais ou animais construídos em massinha de modelar. É importante que não sejam escolhidos somente mamíferos, répteis ou aves, mas animais menos conhecidos das crianças, como insetos, aracnídeos, vermes, animais marinhos entre outros. Além disso, é importante que as mesmas categorias de animais estejam disponíveis para os dois ambientes.

b) **sobre as pesquisas:** o professor deve orientar os estudantes a pesquisar em fontes confiáveis. Para isso, deve fornecer livros e textos de referências. Se for acessível na escola, a busca na internet pode também ser utilizada. É importante que o professor oriente os alunos na busca da fonte, no registro das informações relevantes para o tema da pesquisa e, em seguida, na síntese dessas informações, que pode ser realizada na forma de um texto por exemplo. Por último, essas informações devem ser utilizadas para a construção dos dioramas e para responder à pergunta da investigação.

Terminado o trabalho, os grupos se reúnem para resumir e registrar os dados resultantes das pesquisas e que culminaram na produção dos dioramas. Eles vão apresentar seus resultados para toda a classe, justificando suas escolhas. Uma sugestão é que, após o momento da reflexão, cada aluno escreva uma narrativa que conte a história de seus dioramas. Nessa história, ele apresentará os resultados e suas justificativas.

Pontos de partida para a reflexão: algumas questões podem orientar a elaboração de justificativas para as escolhas dos grupos na montagem dos dioramas e na solução do problema.

- Quais foram os critérios escolhidos por seu grupo para a produção dos dioramas de Mata Atlântica e Savana?
- Os critérios dos grupos foram iguais ou diferentes? A que podem ser atribuídas as diferenças?
- O que dizem os resultados em relação à pergunta? Quais animais foram colocados no diorama da Mata Atlântica e quais animais foram colocados no diorama da Savana?
- Algum animal não foi incluso?
- Há outros animais e seres vivos que poderiam ser acrescentados nos dioramas de seu grupo?
- Como seu grupo justifica as escolhas realizadas?
- Houve diferença entre os dioramas construídos pelos grupos? Caso tenha ocorrido, a que pode ser atribuída?
- Como seu grupo explica a diferente distribuição de organismos entre os dois ambientes?
- Por que acontece dessa maneira?

---

[5] Para fotos de uma oficina de dioramas com alunos da Universidade Federal do ABC, acesse: <http://educacaocientificasociedadeecultura.blogspot.com/2011/07/fotos-dioramas.html>.

- Como as características dos animais podem estar relacionadas com as características do ambiente? Será que o clima, a temperatura, a umidade, o tipo de vegetação, a presença de outros animais interferem na distribuição dos organismos em um e em outro ambiente? Como poderia ser investigado?
- Será que sempre foi assim? Ou seja, será que no passado bem distante a distribuição dos organismos era a mesma vista hoje em dia? Como isso poderia ser investigado?
- Estudar a distribuição de organismos sobre os diferentes locais do planeta é importante? Por quê?

Uma das características dessa atividade é não estar embasada na realização de experimentação. Para a coleta de dados, tanto para a construção do cenário que representa os biomas quanto para a resolução do problema, não é possível realizar experimentos de laboratório. A escala espacial nesse caso, mesmo para a observação, é muito grande para caber na sala de aula ou no espaço de um laboratório. Assim, optou-se pela proposição de uma pesquisa bibliográfica para a coleta de dados. É importante que no momento de reflexão se discuta que os resultados obtidos dependem das fontes consultadas e, por isso, é necessário que estas sejam confiáveis e também citadas para que o leitor possa, de um lado, avaliar a confiabilidade e, do outro, ter acesso aos originais. É esperado que, mesmo consultando as mesmas fontes, os grupos tomem diferentes decisões na escolha dos locais de Mata Atlântica ou de Savana para compor seus cenários. Isso se deve ao fato de que a leitura dos dados de fontes bibliográficas, especialmente nesse caso que envolve escalas espaciais grandes, depende do olhar do observador. Tanto a Mata Atlântica quanto a Savana são compostas por diversos ecossistemas; por essa razão, a pergunta de investigação foi limitada à porção relativa à floresta desses biomas.

A construção do diorama também é um aspecto diferenciado da atividade. Por meio dessa estratégia, os estudantes têm a possibilidade de lidar com escalas espaciais e temporais grandes de maneira bem concreta. Além disso, é bastante lúdica e envolvente para os alunos do Ensino Fundamental.

Um biólogo ao tentar responder a uma pergunta como "Por que não há elefantes no Brasil?", pergunta proposta como parte da reflexão da atividade, ele não pode se apoiar em leis universais, como é o caso das ciências experimentais, mas sim tentar criar um cenário que possa explicar os fatos observados naquele caso em particular (Mayr, 2008). Em nossa atividade, os dados são provenientes de pesquisa sobre o que já é conhecido a respeito do assunto, já que trata de uma escala espacial abrangente. Assim, um dos fatos constatados pode ser o de que não há elefantes no Brasil e há elefantes na África. Nesse sentido, a descrição do mundo natural é fundamental nessa etapa do trabalho, visto que pode fornecer evidências sobre as adaptações desses animais e suas interações com o ambiente e outros seres vivos na construção de justificativas funcionais e causais para o fato observado.

As justificativas corresponderiam ao levantamento de hipóteses que poderão ser testadas por meio de novas observações ou coleta de dados de diferentes fontes. Por exemplo, os alunos poderiam levantar as seguintes hipóteses para explicar por que não há elefantes na Mata Atlântica brasileira: de que o tamanho dos elefantes não permitiria a eles viver em uma floresta mais fechada como a Mata Atlântica; ou de que na Mata Atlântica não haveria alimento disponível para esses animais. Essas hipóteses deverão ser testadas com novas pesquisas sobre os hábitos alimentares dos elefantes, sobre se vivem em florestas fechadas na África e a explicação adotada será a que terá mais evidências em seu favor. Como são possíveis vários tipos de respostas à questão *Por quê?*, pode ser que mais de uma explicação seja apoiada por evidências e possa ser aceita.

Nesse processo, podem surgir questões ou dados que permitam a discussão sobre a evolução desses seres vivos. A pergunta sugerida no momento da reflexão, "Será que sempre foi assim?", estimula o levantamento de hipóteses e a busca de evidências que comparem o passado com o presente e que fornecem explicações evolutivas para a situação-problema. Mais uma vez, os estudantes devem coletar dados de diversas fontes, mas, nesse caso, a explicação será a construção de uma narrativa histórica, uma narrativa que crie um cenário e que conte a singularidade da história desse ser vivo, ainda que apoiada em evidências materiais. Atualmente, não há elefantes no Brasil, no entanto, fósseis de mastodontes encontrados em diversos estados brasileiros apoiam a hipótese de que esses "parentes" de elefantes já habitaram essas regiões. Esse dado pode levar ao início de outros ciclos de indagação para tentar investigar o porquê de sua extinção.

A construção de narrativas históricas é uma metodologia utilizada pela biologia evolutiva para explicar a origem de eventos únicos. Apesar de não ser possível provar que uma narrativa histórica é "verdadeira", elas são baseadas em evidências coletadas pelos pesquisadores. A interpretação do papel dessas evidências dependerá do ponto de vista dos cientistas e da comunidade científica, podendo ser testada à luz de novas evidências. Um exemplo de diferentes interpretações para um mesmo fenômeno é o papel atribuído aos fósseis na evolução dos seres vivos. Apesar de, atualmente, ser consenso que os registros fósseis são resquícios de espécies ancestrais, apoiando a ideia de que as espécies variam ao longo do tempo, para o paleontólogo francês Georges Cuvier [1769-1832] os fósseis eram indícios das catástrofes com que Deus dizimava os seres vivos para depois repovoar a Terra com novas espécies diferentes das anteriores. Essa explicação estava de acordo com sua visão de mundo criacionista.

Mesmo sem equivaler a leis causais das ciências experimentais, nas quais teorias gerais são utilizadas para explicar uma universalidade de fenômenos, as narrativas históricas explicam casos únicos e particulares de forma a evidenciar as causas que contribuíram com a ocorrência de eventos posteriores. Assim, a narrativa histórica que explica a extinção dos mastodontes nas Américas pode revelar as causas que explicam o surgimento ou irradiação de outros seres vivos herbívoros na mesma região.

A sugestão de os alunos escreverem uma narrativa que conte a história de seus dioramas tem o objetivo de tornar evidentes ao professor as relações que foram estabelecidas entre os dados, os fatos, as interações e as justificativas elaboradas. Assim como os biólogos criam narrativas históricas, selecionando fatores causais que contribuíram para a ocorrência de eventos posteriores em uma sequência cronológica, os estudantes são convidados a colocar no papel suas respostas e a explicitar o raciocínio que permitiram a eles solucionar o problema da investigação e suas extrapolações.

Considerações finais

Ao longo deste artigo procurou-se defender o ensino por investigação como uma metodologia privilegiada para os conteúdos de Biologia, disciplina presente de maneira intensa nos currículos da disciplina Ciências Naturais do Ensino Fundamental. Acredita-se que a partir da investigação, os alunos possam, além de enxergar os conteúdos específicos da Biologia de forma mais integrada, relevante e contextualizada, desenvolver habilidades envolvidas no fazer científico, o que contribui para sua alfabetização científica.

Destacou-se, ainda, que é frequente documentos oficiais sobre práticas pedagógicas dar margem à interpretação de que o ensino de Ciências por investigação envolve necessariamente atividades práticas experimentais ou mesmo que se restrinja a elas. Essa concepção, a nosso ver equivocada, pode acabar inviabilizando a adoção do ensino por investigação para conteúdos específicos da Biologia, pois essa disciplina possui princípios que a definem como uma ciência autônoma que impossibilitam a abordagem experimental de diversos temas dessa área do conhecimento.

Esses princípios estão associados à teoria da evolução por seleção natural, hoje considerada uma teoria unificadora para a Biologia, pois explica tanto a diversidade como a unidade das formas de vida no planeta. Tais princípios, como a complexidade dos sistemas biológicos, a importância do acaso na evolução dos seres vivos e biopopulação tornam a biologia uma ciência bastante característica pela ausência de leis universais que geram explicações deterministas para os fenômenos naturais. As regularidades dos fenômenos biológicos são, de acordo com a teoria da evolução por seleção natural, de natureza probabilística e histórica e ocorrem em diversas escalas espaciais (das moléculas de DNA aos biomas) e temporais (dos segundos de uma transformação bioquímica aos milhares de anos para a formação de novas espécies).

Desse modo, as investigações em Biologia não podem ocorrer apenas por meio de experimentações em laboratórios, mas também, e na maior parte das vezes, por observação e comparação e pela construção de narrativas históricas. Da mesma forma, argumenta-se que no ensino de Ciências por investigação, especialmente referente aos conteúdos de Biologia, os dados não precisam ser originados em uma atividade de experimentação. Estes podem ser coletados a partir de observações do mundo natural, de comparações entre fenômenos, de fontes de pesquisas diversas (livros, internet, filmes), de jogos ou simulações entre outros, dependendo da pergunta inicial e também do tipo de resposta que se deseja alcançar.

De acordo com a análise de duas propostas de ensino por investigação para temas biológicos, as atividades experimentais estariam mais presentes quando a pergunta que se pretende responder é do tipo *como*, ou seja, na investigação de fenômenos observáveis que resulta em respostas descritivas. Já quando a pergunta é do tipo *por quê*, ou seja, quando conceitos e teorias mais complexos e mais abstratos são investigados, dificilmente podem ser respondidas por meio de uma experimentação devido, principalmente, às escalas espacial e temporal necessárias para a análise.

Porém enfatizamos que a impossibilidade da realização de uma experimentação não inviabiliza a proposição de atividades de acordo com as propostas de um ensino por investigação. A busca por respostas para questões de investigação do tipo *por quê* pode ampliar as fontes potenciais de dados para os estudantes, o que facilita a incorporação da noção de pluralismo metodológico defendida por pesquisadores da área de educação e procurada por professores que desejam tornar sua prática mais envolvente e produtiva. Nesse sentido, defendemos que atividades investigativas possam se utilizar de uma diversidade de modalidades didáticas, já que cada situação exige uma solução própria e a variação, além de atrair o interesse dos alunos, contribui para que os estudantes desenvolvam diferentes habilidades presentes no fazer das ciências biológicas.

Referências bibliográficas

ARANGO N.; CHAVES, M. E.; FEINSINGER, Y. P. *Principios y práctica de la enseñanza de ecología en el patio de la escuela*. Santiago: Instituto de Ecología y Biodiversidad – Fundación Senda Darwin, 2009.

BRASIL. *Parâmetros Curriculares Nacionais*, Brasília: MEC/SEF, 1997.

DOBZHANSKY, T. Nothing in biology makes sense except in the light of evolution. *The American Biology Teacher*, v. 35, p. 125-129, 1973.

ERDURAN, S. Promoting ideas, evidence and argument in initial science teacher training. *School Science Review*, v. 87, n. 321, p. 45-50, 2006.

GUISASOLA, J.; FURIÓ, C.; CEBERIO, M. Science education based on developing guided research. In: THOMASE, M. V. *Science Education in Focus*. New York: Nova Science Publishers, p. 173-201, 2006.

JIMÉNEZ-ALEIXANDRE, M. P.; FERNÁNDEZ LÓPEZ, L. What are authentic practices? Analysis of students' generated projects in secondary school. Paper presented at the NARST Annual Meeting, Filadélfia, 2010.

JORDE, D. Inquiry-based science teaching – An overview of what we know and what we do. ESERA Conference, 2009.

KRASILCHIK, M. *Prática de ensino de Biologia*. São Paulo: Edusp, 2004.

LABURU, C. E.; ARRUDA, S. DE M.; NARDI, R. Pluralismo metodológico no ensino de Ciências. *Ciência & Educação*, v. 9, n. 2, p. 247-260, 2003.

MARANDINO, M.; SELLES, S. E.; FERREIRA, M. S. *Ensino de Biologia*: Histórias e práticas em diferentes espaços educativos. São Paulo: Cortez, 2009.

MAYR, E. *Isto é Biologia*: A ciência do mundo vivo. São Paulo: Companhia das Letras, 2008.

_____. *Biologia, ciência única*: Reflexões sobre a autonomia de uma disciplina científica. São Paulo: Companhia das Letras, 2005.

_____. *Desenvolvimento do pensamento biológico*: Diversidade, evolução e herança. Brasília: Editora Universidade de Brasília, 1998.

MUNFORD, D.; LIMA, M. E. C. DE C. Ensinar Ciências por investigação: Em que estamos de acordo? *Revista Ensaio*, v. 9, n. 1, p. 72-89, 2007.

NRC. *National Science Education Standards*. Washington: National Academy Press, 1996.

OLIVEIRA, A. D. DE; MONACO, L. M. Construindo a biodiversidade: Dioramas como ferramentas pedagógicas. In: MARANDINO, M.; MONACO, L. M.; OLIVEIRA, A. D. DE. *Olhares sobre os diferentes contextos da biodiversidade*: Pesquisa, divulgação e educação. São Paulo: GEENF/FEUSP/INCTTOX, p. 86-93, 2010.

SANTOS, W. L. P. dos. Contextualização no ensino de Ciências por meio de temas CTS em uma perspectiva crítica. *Ciência & Ensino*, v. 1, n. esp., 2007.

SASSERON, L. H.; CARVALHO, A. M. P de. Almejando a alfabetização científica no ensino fundamental: A proposição e a procura de indicadores do processo. *Investigações em Ensino de Ciências*, v. 13, n. 3, p. 333-352, 2008.

TINBERGEN, N. On aims and methods of ethology. *Zeitschrift für Tierpsychologie*, v. 20, p. 410-433, 1963.

UNESCO. *O ensino de ciências*: O futuro em risco. Brasília: Unesco, 2005. Disponível em: <http://unesdoc.unesco.org/images/0013/001399/139948por.pdf>. Acesso em: 28 out. 2010.

VYGOTSKY, L. S. [1934] *Pensamento e linguagem*. São Paulo: Martins Fontes, 1998.